Johann Georg Batton

Der Kaiserdom zu Frankfurt a. M.

Johann Georg Batton

Der Kaiserdom zu Frankfurt a. M.

ISBN/EAN: 9783743665200

Hergestellt in Europa, USA, Kanada, Australien, Japan

Cover: Foto ©ninafisch / pixelio.de

Weitere Bücher finden Sie auf **www.hansebooks.com**

Der
Kaiserdom zu Frankfurt a. M.

Beiträge zur Geschichte

des

St. Bartholomäus-Stiftes und seiner Kirche.

Aus dem handschriftlichen Nachlasse

des

Canonicus Johann Georg Battonn.

Mit Anmerkungen herausgegeben

von

Ernst Kelchner.

Frankfurt a. M.

Verlag von Franz Benjamin Auffarth.

1869.

Druderei von Aug. Osterrieth
in Frankfurt a. M.

Einleitung.

In dem Nachlasse des am 21. April 1827 verstorbenen Canonicus des hiesigen Bartholomäus-Stiftes, **Johann Georg Battonn**, durch seine „Oertliche Beschreibung der Stadt Frankfurt am Main" bekannt geworden, welche durch den hiesigen Verein für Geschichte und Alterthumskunde schon seit Jahren herausgegeben wird, befindet sich nachstehende Geschichte des Kaiserdomes zu Frankfurt und des damit zusammenhängenden St. Bartholomäus-Stiftes, welche mitzutheilen der Herausgeber um so mehr sich gedrungen fühlt, als er dadurch dem künftigen Geschichtsschreiber der hiesigen Stadt Material bietet und demselben dadurch viele specielle Forschungen über jenen Gegenstand erspart, dem Kenner der Geschichte jenes Stiftes aber eine Quelle bietet, welche neuere Beschreiber der St. Bartholomäus-Kirche zu verschweigen Ursache hatten.

Der vielbewährte und fleißige Forscher auf dem Gebiete der Geschichte der Stadt Frankfurt am Main, J. C. v. Fichard, welcher zu dem schon bemerkten Werke von Battonn „Oertliche Beschreibung der Stadt Frankfurt" die nöthigen Bemerkungen gegeben hat und auch in dem Abdruck jenes Werkes ihre Stelle gefunden haben, hatte jedenfalls auch diese Geschichte des Kaiserdomes zu St.

1*

Bartholomäi herauszugeben beabsichtigt, denn die hier und da hinzugefügten Bemerkungen lassen deutlich auf diesen Zweck schließen. Die Herausgabe auch dieser, wie so vieler seiner beabsichtigten historischen Arbeiten, war ihm nicht vergönnt, daher mir die Aufgabe zur Ausführung werden konnte, seinen unerfüllten Wunsch ausführen zu können.

Ich habe die Originalarbeit Battonus genau abdrucken lassen, ebenso die Anmerkungen Fichards, wo ich deren vorfand, und habe nur die noch hie und da nöthigen weiteren Anmerkungen dem Manuscripte beigefügt.

Möge nun meine Arbeit ein Baustein werden nicht allein zur weiteren Geschichte dieses Kaiserdomes, sondern auch meine Mitbürger anspornen, auch ihrerseits ihr Schärflein beizutragen, daß der durch die Flammen in der Nacht vom 14. auf 15. August 1867 zur Ruine gewordene Dom zum neuen Ruhme und neuen Zierde unserer Stadt wieder erstehe.

Frankfurt a. M., den 18. Januar 1869.

Ernst Kelchner.

Die
Geschichte der ersten Pfarr- und Stiftskirche
zu Frankfurt
nach ihren verschiedenen Bau- und Namens-Veränderungen
geordnet.

Erste Abtheilung.

Von der Marienkirche.

Daß die Bewohner der hiesigen Gegend an der Frankonofurt zwischen den Jahren 719 und 739 das Heidenthum verlassen, und sich zur christlichen Religion gewendet haben, ist schon hinlänglich bewiesen worden. Die Neulinge der christlichen Religion aber hatten nicht gleich eine Kirche und ihre Versammlungen zum Gottesdienste geschahen wahrscheinlich in einem eigens dazu bestimmten Hausgebäude, oder sie begaben sich an den Tagen, wo es die Religion gebot, nach der Kirche eines benachbarten Orts [1]). Karl der Große baute hier ums Jahr 782 ein Palatium, und um die nämliche Zeit, wie ich glaube, auch die erste Kirche, die er

---

[1]) Die *Traditiones Fuldenses* erwähnen mehrerer in der Nähe von Frankfurt gelegenen Orte; aber von Frankfurt selbst wird nie Meldung gethan, woraus sich allerdings schließen läßt, daß dasselbe nicht gar alt sein müsse, und daß solche Orte schon vorher existirt haben.

gleich jener zu Aachen der h. Maria zu Ehren einweihen ließ [1]). Und sie zugleich mit den nöthigen Gefällen zum Unterhalte des Pfarrers und seiner Gehülfen versah [2]). Daß wir ihren Namen noch wissen, haben wir einzig der Urkunde Ludwigs des Deutschen von 874 über die Schen= kung der Ruotlind zu verdanken [3]), darin sie Capella ad S. Mariae genannt wird [4]). Die Behauptung, daß Karl der Große der erste Stifter der hiesigen Kirche sei, gründet sich auf eine uralte vom XIII. Jahr= hunderte uns schon bekannte, und immerfort währende Sage; wie auch

---

[1]) Einige wollen behaupten, Bonifaz habe im Jahre 742 ein Concilium in Frankfurt gehalten und bei dieser Gelegenheit sei von Karlmann, nach An= dern von Pipin eine Kapelle zu Ehren der h. Maria erbauet worden; allein da kein Geschichtschreiber den Ort des gehaltenen Conciliums anzugeben weiß, so wird die Nachricht von der damals erbanten Kapelle mit Recht als ungegründet verworfen. Es hat auch Struvius in Corpore hist. Germ. T. II. in Append. 2 loco gesagt: Synodum sub Carolomanno 742 habitam perperam nonnullis dici Francofurtensem.

[2]) Die 95 Morgen 23 Ruthen Aecker und Wiesen im Frankfurter Felde, von denen man nicht weiß, wie sie an die Probstei gekommen sind, scheinen mir das ursprüngliche Pfarrgut gewesen zu sein, welches durch die nachmalige Incorporation der Pfarrei dem Probste als Pfarrer zu Theil wurde.

[3]) Ludwig der Deutsche pflegte öfters seine Urkunden nur nach den Regierungs= jahren seiner verschiedenen Reiche zu datiren, und es fällt alsdann nicht selten schwer, das eigentliche Jahr einer Urkunde mit Gewißheit zu bestimmen. Man muß in solchem Falle zu der mit dem Regierungsjahre verbundenen Indiction seine Zuflucht nehmen, und sich noch auf mancherlei Art zu helfen suchen. Ludwig der Fromme war im Jahre 837 im Herbste (September) bei der Reichsversammlung zu Carisiac mit einer abermaligen Erbvertheilung seiner Länder beschäftigt; weil aber seine Söhne darüber unzufrieden wurden, nahm er noch in dem nämlichen Jahre eine neue Erbvertheilung zu Worms vor, bei welcher Ludwig (der Deutsche) Bayern, Sachsen und mehrere andere Provinzen erhielt. Nun müssen in der Genehmigungs=Urkunde über die Ruotlind'sche Schenkung die Regierungsjahre von der letzten Erbvertheilung an gezählt werden; weil alsdann die 7. Indiction und selbst die Stiftung der 12 Chorherren der Zeit nach mit dem 37. Regierungsjahre zusammen= treffen. Dasselbe begann in einem der drei letzten Monate von 873, und endigte sich im folgenden Jahre 874; und da die 7. Indiction am 25. Sep= tember des nämlichen Jahres ihren Anfang genommen hatte, so mußte noth= wendigerweise die gedachte Urkunde nach dem September und in einem der drei letzten Monate von 874 ausgefertigt worden sein, ehe noch das 37. Re= gierungsjahr zu Ende ging.

[4]) Daß zu selbigen Zeiten unter dem Worte Capella auch größere Kirchen, ja selbst Pfarrkirchen verstanden wurden, ist bei Dufresne in glossario voce: Capella. Item Capella decimalis et baptismalis zu ersehen.

auf das alte Necrologium oder Seelenbuch unserer Kirche, welches in der Mitte des XII. Jahrhunderts aus einem älteren abgeschrieben, und bis zur Mitte des XIV. Jahrhunderts fortgesetzt wurde. In dasselbe wurden die Wohlthäter der Kirche an ihren Sterbtägen nach der Ordnung des Kirchenkalenders aufgenommen, und unter solchen befindet sich am 28. Januar Carolus Imperator, welcher Tag denn auch der letzte seines Lebens war. König Ludwig der Deutsche stiftete die XII Chorherren, und baute ihnen eine eigene Kirche, welche sein Nachfolger Ludwig der Jüngere vollendete. Eine Namens Ruotlind machte den neuen Chorherren mit dem Orte Hurnawe (Hornau) eine Schenkung. Kaiser Karl der Dicke vermehrte ihre Zehende. König Otto II. erlaubte ihnen, das nöthige Brennholz in dem Reichslande der Dreyeiche zu holen und schenkte ihnen die Kapelle der h. h. Peter und Marzellin. König Otto III. eignete ihnen den Neunten in der Dreyeiche zu, und wies ihnen die Fische an, welche an den Freitägen von den hiesigen Fischern gefangen wurden, und vorher in das Palatium geliefert werden mußten. Aber keiner von diesen großen Wohlthätern wurde wie Karl in das Seelenbuch aufgenommen; weil sie blose Wohlthäter des Stifts, nicht aber der Pfarr-Kirche, wie Karl, waren. Das Stift hatte sein eigenes Necrologium, welches Calendarium Capituli hieß, und ich erinnere mich noch, im Archive irgendwo gelesen zu haben, daß das Kapitel dem Pleban auftrug, an den Sonntagen nach der Predigt das Necrologium Capituli abzulesen, und für die verstorbenen Wohlthäter zu beten.

Die Marienkirche war aber diejenige, in welcher sich die sonderbare und auffallende Begebenheit mit dem Sohne Ludwigs des Deutschen ereignet hatte. Ich erzähle sie, wie sie von mehreren Geschichtsschreibern gemeldet wird [1]. Karl der königliche Prinz wurde auf dem Reichstage zu Frankfurt im J. 873 vom bösen Geist besessen, und er fiel plötzlich in eine solche Raserei, daß 6 sehr starke Männer kaum vermögend waren, ihn zu halten. In diesem kläglichen Zustande wurde er am 7. Hornung in die Kirche gebracht, und da durch das Gebet des Erzbischofs Lindebert von Mainz und anderer vom bösen Geist befreiet. Es ist hier meine Sache nicht, zu untersuchen, ob sein Uebel wirklich dasjenige war, wofür man es damals hielt, oder ob seine Raserei von einer anderen Krankheit

[1] Zu solchen gehören die Annales Fuldenses ad a. 873. Sigebertus Gemblacensis ad h. a. Eumonius L. 5. c. 30. Albericus ad a. 872. Annales Metenses ad h. a. Arentinus L. IV. Struvii Scriptores. T. I. p. 44, ubi Historia Caroli obsessi. Johannis Rerum Mogunt. T. I. p. 412 u. a. m.

herrührte[1]). Indessen hatte die Begebenheit mit Karl eine fromme Stiftung zur Folge. Der Vater, über die schnelle Wiedergenesung seines Sohnes von Freude und Dankgefühle gegen Gott ganz durchdrungen, stiftete dem Erlöser zu Ehren die 12 Chorherren mit ihrem Abte oder Probste, von welchen das nun aufgehobene Bartholomäusstift seinen Ursprung nahm. Die Stiftung geschah im J. 873 oder spätestens 874; denn noch in dem nämlichen Jahre schenkte die schon vorher gedachte Ruotlind den neuen Chorherren den Ort Hurnawe (Hornau bei Höchst), welchen das Kapitel gegen Ende des XVI. Jahrhunderts an Kur-Mainz abtrat[2]). Die älteste Urkunde von Ludwig dem Deutschen über die Stiftung dieser Chorherren ist zwar nicht mehr vorhanden; dennoch aber ist uns ihr Inhalt aus den Bestätigungs-Urkunden seiner Söhne Ludwigs des Jüngeren von 880, und Karl des Dicken von 881 bekannt[3]). Ludwig incorporirte dem Stifte zu gleicher Zeit auch die Pfarrei und befreite den Abt oder Probst, welchem als Pfarrer künftig die Capella oder Pfarrkirche anvertraut sein würde, von allen und jeden Kriegslasten. Er befahl auch, daß der wirkliche Abt Willikerius die Pfarrkirche mit Allem,

---

[1]) Der Pfarrer Kirchner nahm keinen Anstand, die Raserei des Prinzen einer blosen Verstellung zuzuschreiben, um den beleidigten Vater durch solche zum Mitleiden und zur Verzeihung seines Vergehens zu bringen. Aber was mag denn wohl den Prinzen noch nachher, als er schon Kaiser war, zu einer so grossen Freigebigkeit gegen die hiesige Kirche bewogen haben, daß er ihr den beträchtlichen Zehend um Frankfurt mit noch mehreren andern Zehenden schenkte? Soll es nicht die stete Erinnerung an seine hier in der Kirche erhaltene Wiedergenesung gewesen sein, welche den Trieb in ihm erregte, Gott seine Dankbarkeit durch eine solche Schenkung auch noch thätig zu beweisen?

[2]) Die Herren von Eppenstein waren vom Stifte mit der Vogtei über Kaltheim und Hornau belehnt. Es ist bekannt, wie nachtheilig solche Vögte den Stiftern und Klöstern zuletzt wurden. Indem sie immer weiter um sich griffen, und ihnen am Ende oft wenig mehr übrig ließen. Als die Herren von Eppenstein in der letzten Hälfte des XVI. Jahrhunderts ausstarben, wurde der Kurfürst von Mainz vom Kaiser mit Eppenstein und den zugehörigen Orten belehnt. Bald darauf entstanden in Betreff der Vogtei Streitigkeiten, und das Stift wurde zuletzt genöthigt, die bei den Ortschaften im Jahre 1596 an Kur-Mainz um 1200 fl. und Statt derselben gegen einen jährlichen Zins von 60 fl. abzutreten, welcher auch bis zur Aufhebung des Stifts von der Familie, welche Hornau als kurfürstliches Lehen besaß, richtig bezahlt wurde.

[3]) Beide Urkunden lagen in dem Kloster S. Maximin bei Trier. Zur Zeit des französischen Revolutionskrieges wurde dasselbe nach Paris geschleppt, und mit ihm wanderten auch gemeldete Urkunden dahin.

was dazu gehörte, Zeit Lebens ruhig besitzen sollte ¹). Was die Söhne
Ludwigs in ihren Urkunden von 880 und 881 weiter sagen, bleibt der
folgenden Abtheilung zur weiteren Erörterung vorbehalten. Als das Stift
im J. 880, wie es scheint, in die Salvatorskirche versetzt wurde, wurde
auch die demselben incorporirte Pfarrei dahin verlegt; und die Marienkirche hörte von der Zeit an auf, eine Pfarrkirche zu sein.

Der ehemalige Standort der Marienkirche läßt sich mit Gewißheit
nicht bestimmen, jedoch geben einige besondere Umstände hinreichenden
Stoff zur Vermuthung, daß sie im Eingange der Neugasse gestanden sei.
Jedermann kennt diese Gasse, und ihr Namen verräth schon, daß sie
später, als die übrigen ihr zunächst gelegenen Gassen, angelegt wurde.
Der vor ihr liegende offene Platz (der Hühnermarkt) wird auch in den
Zinsbüchern des XIV. Jahrhunderts noch der Friedhof oder Auf dem
Friedhof genannt. Eine Benennung, welche das Alterthum den Kirch-
höfen beilegte, wie das Jus prov. Alem. Cap. I. XIV. 2. bezeugt,
wo es heißt: „tut er ein frevel in der kirchen oder in dem frit-
hof (auf dem Kirchhofe) er mug geistlichen gericht (Gerichte) buzen.“
Glaubwürdige Personen haben mich auch versichert, daß noch in manchen
Gegenden Deutschlands das Wort Friedhof für Kirchhof gehört wurde.

Der mit jedem Jahre zunehmende Handel, welcher sich vorzüglich
über die Gegend der Kramgasse (des vicus Apothecae, wie sie in einem
Zinsregister von 1296 genannt wird) oder des heutigen Marktes und der
Schnurgasse erstreckte, hat vermuthlich die Nothwendigkeit erzeigt, die beiden Gassen durch eine neu anzulegende Zwischengasse mit einander in
eine nähere Verbindung zu bringen; diese Verbindung aber konnte nicht
leichter als durch die Abschaffung der Marienkirche bewirkt werden, indem
dieselbe von der Schnurgasse her schon eine Gasse (die Erlenboldsgasse)
gerade hinter sich liegen hatte. An die Stelle der niedergerissenen Kirche
und auf einen Theil ihres Kirchhofs kamen Häuser zu stehen, durch welche
eine neue Gasse (die Neugasse) entstund, deren Gebäude so weit fortgesetzt wurden, bis sie sich über den Plätzen der abgebrochenen Stadtmauer
und des ausgefüllten Stadtgrabens mit den Häusern der Erlenboldsgasse
vereinigten, welche ihren alten Namen im XIV. Jahrhunderte ablegte,
um einen gemeinschaftlichen Namen mit der Neugasse zu haben. Ehe
aber diese Veränderungen geschehen konnten, mußte vorher bei der geistlichen Obrigkeit um die Erlaubniß zum Abbruche der Kirche nachgesucht
werden, denn die Religiosität des Mittelalters erlaubte noch nicht, Gott

---

¹) Man sehe die zwei Bestätigungs-Urkunden von 880 und 881.

geweihte Plätze nach Willkür abzuschaffen, oder sie zu einem der Religion
nicht angemessenen Zwecke zu verwenden. Ohne Zweifel ließ die Bürgerschaft ihre Angelegenheit an den päbstlichen Hof gelangen, wohin sie sich
gewöhnlich zu wenden pflegte, und ihr Gesuch, die Marien-Kirche abbrechen zu dürfen, wurde bewilligt, aber, wie es scheint, mit der Verbind-
lichkeit, sie an einem andern Orte wieder aufzubauen, denn im Anfange
des XIII. Jahrhunderts suchte die Bürgerschaft bei Kaiser Friedrich
um einen Platz an, um eine Kirche der h. Maria zu Ehren und des
h. Georgius darauf zu erbauen. Der Kaiser willigte auch in ihre Bitte
ein, und schenkte ihr einen bei dem Kornmarkte gelegenen Platz, welcher
von dem älteren von Karl dem Großen erbauten Palatium noch übrig
geblieben war, die nachmals von der Bürgerschaft darauf erbaute Kirche
wurde zu Ehren der h. h. Maria und Georgius eingeweiht, die aber in
der Zeitfolge ihren Namen änderte und von den Reliquien des h. Abts
Leonard die Leonardskirche heißt.

Zweite Abtheilung.

Von der Salvatorskirche.

Das Chor der Marienkirche war ohne Zweifel für den Chorgottesdienst zu klein, und der übrige Theil der Kirche hatte wahrscheinlich nicht
Raum genug, die durch den königlichen Aufenthalt sich immer vermehren-
den Gemeinde gemächlich aufzunehmen. König Ludwig der Deutsche baute
demnach eine neue und größere Kirche, und zwar Gott dem Erlöser zu
Ehren, weil sein Sohn kurz vorher durch das Gebet vom bösen Geiste
war erlöset worden[1]). Daß Ludwig der Erbauer einer Kirche in Frankfurt gewesen, darüber legt der Mönch von S. Gallen (Notkerus Bal-
bulus) ein nicht zu widersprechendes Zeugniß ab. Dieser erhielt vom
Kaiser Karl dem Dicken den Auftrag, das Leben und die Thaten Karls
des Großen, seines Urgroßvaters, zu beschreiben. Er that es zwischen

---

[1]) Ueber diese Geschichte ist in der ersten Abtheilung nachzusehen, und Kriegk,
die Entstehung der Salvatorkirche zu Frankfurt im „Archiv für Frankfurts Geschichte und Kunst. Neue Folge. Erster Band. S. 72 u. ff."

den Jahren 883 und 887, mischte aber auch eine kurze Biographie von Ludwig dem Deutschen, dem Vater Karls des Dicken, mit ein, und fing dieselbe mit folgenden Worten an: „Et quia se obtulit occasio, ut de indicibili patre vestio incideret honoranda mentio — dann sagt er weiter von demselben: „oratoria nova ad Frankenofort et Regenespurg admirabili opere construxit¹)." Diejenigen, welche den Bau dieser Kirche Karl dem Großen aus eben diesem Geschichtschreiber zueigneten, haben sich gegen die Wahrheit der Geschichte versündigt; weil sie sein Werk entweder nicht ganz, oder nicht mit der gehörigen Aufmerksamkeit gelesen haben. Was der Geschichtschreiber noch weiter hinzufügt: „Cum propter magnitudinem fabricae alii lapides non suffiarent, muros urbis destrui fecit, in quorum cavitatibus tantum auri circa antiquorum ossa reperit, ut non solum basilicam eandem eodem ornaret —" ist nach meiner und anderer Meinung nicht von hier, sondern von Regensburg zu verstehen, dessen Mauern weit älter als die hiesigen sein mußten, wenn die Geschichte nicht allen Glauben verlieren sollte; denn es waren noch keine 40 Jahre, daß man Frankfurt in Mauern eingeschlossen sah, und wie sollen in einem so kurzen Zeitraume die vielen Beine längst Verstorbener an die Mauer gekommen sein? wie die große Menge Goldes, die gewiß von keinem Privatmanne herrührte, in die Höhlungen derselben gebracht worden sein, und zwar ohne Vorwissen des Monarchen, der sie erbauet hatte, und noch lebte? Hätte der Monarch Wissenschaft von diesem Golde gehabt, so hätte es der Geschichtschreiber im rechtlichen Sinne nicht für einen gefundenen Schatz haben angeben können. Es zeigen auch schon die Worte: muros urbis destrui fecit, daß die Stelle nur auf Regensburg anwendbar sei, denn nur die Städte, in welchen sich Residenzen, wie zu Regensburg, befanden, hießen Urbs, alle andere aber Oppidum; wie es in älteren Zeiten bei Frankfurt immer der Fall war. Ludwig mußte wegen seines am 28. August 876 erfolgten Ablebens die Fortsetzung des angefangenen Kirchenbaues seinem Sohn Ludwig dem Jüngern überlassen, welcher ihn auch vollendete. Höchst wahrscheinlich wurde die Kirche im J. 830 eingeweiht; denn ohne Ursache hat Ludwig mit der Bestätigung der väterlichen Stiftung nicht so lange bis zu diesem Jahre verzögert. Er wollte dieselbe mit der großen Einweihungs-Feierlichkeit verbinden, und die im Eingange der Bestätigungs-Urkunde stehenden Worte: „Si locis deo dicatis nostrae regine

---

¹) Monachus Sangallensis de rebus gestis Caroli M. Lib. II. No. XV. et XVI. inter Canisii Lect. antiq. T. II. P. III. p. 76. 77. 78.

potestatis compendium imperatorinus" (wenn wir zum Vortheile der Gott geweihten Plätze (der Kirche und des Kirchhofs) unsere Gewalt an= gewendet haben) scheinen auch dieses verrathen zu wollen. Aus dem Vor= getragenen entsteht zugleich die Vermuthung, daß die Uebersetzung der Chorherren aus der alten in die neue Kirche, und die Uebergabe ihrer Bestätigungs=Urkunde zu gleicher Zeit mit der Einweihungs=Feierlichkeit geschehen sind; an welchem Tage dann auch in der neuen Kirche der Chor= gottesdienst seinen Anfang mag genommen haben. Da die Urkunde XV. Kal. Decembris (am Donnerstage den 17. Nov.) ausgefertigt wurde, so er= folgte wahrscheinlich am Sonntage darauf den 20. Nov. die Einweihung der Kirche, welche in gedachter Urkunde das erstemal „Capella Salva= toris" oder die Kirche des Erlösers, genannt wird. Die Königlichen Brü= der Ludwig und Karl wußten gar wohl, was der Vater vor seinem Tode noch verordnet hatte, und deswegen sagten sie auch in ihren Bestätigungs= Urkunden von ihm: „Et constituit, ut in eodem loco (in Capella Salvatoris) ad serviendum domino consistand clerici XII exceptis praesbiteris qui in locis illuc pertinentibus domino famulantim." Diese Stelle gibt den Unterschied zwischen den neu gestifteten Chorherren und jenen Priestern zu erkennen, welche an andern zur hiesigen Kirche ge= hörigen Orten, Gott und den Gläubigen ihre Dienste erwiesen, und diese konnten keine andern, als die Gehülfen oder Kapläne des Pfarrers gewesen sein, welche auf den benachbarten Filialen Bockenheim (vor Alters Buden= heim, Buckonis oder Burckardi villa) und Bunna, jetzt Bornheim, ja vielleicht auch schon in Sachsenhausen, den Gottesdienst versahen, deren Kirchen nach entstandener Reformation von ihrer Mutterkirche in Frankfurt losgerissen wurden[1]).

Die ehemaligen Gehülfen des Pfarrers in der Marienkirche sehen wir nun mit den Chorherren in die Salvatorskirche versetzt; des Pfarrers aber wird nicht mehr gedacht, weil derselbe entweder schon todt war, oder von dem königlichen Stifter in die Zahl der Chorherren war aufgenom= men worden, und die Pfarrei dem Stifte bereits incorporirt war. In= dessen setzte der Probst als Pfarrer einen vicarius oder Unterpfarrer (in

---

[1]) Bockenheim nahm 1533 die reformirte Religion an; Bornheim 1527 die lutherische, und Sachsenhausen die nämliche, wo kurz vorher der Geistliche Johann Rinkenberg ein vic. S. Barthol. von einer im Gesichte geschwärzten Person während der Messe am Altar einen Stich erhielt, der jedoch nicht tödtlich war. Oberrad war auch ein Filial der hiesigen Kirche, das aber erst nach dem IX. Jahrhundert entstand. Aus gleichzeitigen Handschriften des Archivs.

jpäteren Zeiten Plebau genannt), welcher die Seelforge statt seiner über-
nahm. Aber auch den Chorherren übertrug er verschiedene Pfarrgeschäfte.
Wir nehmen dieß aus einem Zeugenverhör von 1315 ab[1]). Nach Aus-
jage derselben weihte der Dechant an den Vorabenden vor Oftern und
Pfingften den Taufftein und taufte, wie ich von den Alten vernehme, das erfte
Kind, welcher Gebrauch jedoch nach dem Ableben des Herrn Dechant und
Pfarrer Amos im J. 1777 aufhörte. Er verrichtete in der Charwoche
den Gottesdienft, der fonft nur einem Pfarrer allein zuftand. Er nahm die
Weihungen der Kreuze und Palmen vor, welche die Pfarrkinder vor dem
hohen Altare aus seinen Händen empfingen, der übrigen Weihungen nicht
zu gedenken. Uebrigens mußte der Hebdomadarius[2]) den Kranken,
wenn es verlangt wurde, die h. Delung geben. Daß auch Dechant und
Kapitel die Tauf-, Kopulation- und Sterbescheine ausftellten, davon überzeugt uns ein im Archive aufbewahrter Coder vom XV. Jahrhunderte,
worin sich die Formulare der auszufertigenden Scheine befinden, und mit
den Worten: Nos Decanus, Scholasticus et Capitulum, oder: Wir
Dechant, Schulmeifter und Kapitel, ihren Anfang nehmen. Die zwischen
dem Kapitel und dem Unterpfarrer von Zeit zu Zeit entftandenen Miß-
helligkeiten haben wahrscheinlich den Anlaß zu einem Vergleiche gegeben,
daß der Probft Johannes de Constantia (von Koftnitz) im Jahre 1342
am 21. März die Pfarrei mit dem Rechte, den Unterpfarrer zu setzen,
an das Kapitel abtrat, welches ihm dagegen das Collations-Recht zweier
Präbenden titulo SS. Mathiae und Matthaei für beftändig überließ[3]).
Die schmalen Einkünfte des Unterpfarrers bewogen nachmals das Kapitel, der Unterpfarrei bei der erften Gelegenheit eine Präbend zu incor-
poriren, und da dieses Johannes de Monasterio Canonicus hier und
zu S. Stephan in Mainz vernahm, resignirte er fogleich seine hiefige
Praebend titulo S. Andreae, und sie wurde nun als Pfarrpräbend für
den jedesmaligen Unterpfarrer beftimmt, dem auch alle Rechte gleich den
übrigen Kapitularen zugeftanden wurden; dagegen behielt sich das Kapitel
vor, die Pfarrpräbend bei künftigen Erledigungsfällen jedesmal zu ver-
geben. Ferner den Besitzer, wenn es die Umftände erfordern würden,
der Unterpfarrei sowohl, als der Präbend wieder entsetzen zu können; und

---

[1]) Ich fand dasselbe im Stiftsarchiv; es war aber nicht bezeichnet, und beftand
aus mehreren pergamentenen Blättern in 4⁰.

[2]) So wurde derjenige genannt, an welchem die Reihe war, das hohe Amt die
Woche hindurch zu halten, und beim Chorgefang einen beftimmten Dienft zu
verfehen.

[3]) Würdtwein Diöc. Mogunt. in Archid. dist. p 492.

endlich wurde noch verordnet, daß sein Titel Plebanus auch in der Zu=
kunft sollte beibehalten werden. Alles dieses wurde von dem Erzbischof
Theodorich von Mainz am 10. April 1444 genehmigt[1]), und 1459 am
21. Junius von Pabst Pius II. bestätigt[2]). Daß die Unterpfarrer an=
fänglich nach dem Willkür des Oberpfarrers konnten verabschiedet werden,
ist eine bekannte Sache; weil aber dieses zu manchen Mißbräuchen Anlaß
gab, und durch die öfteren Veränderungen derselben in der Verwaltung
der Pfarrei nicht selten Unordnungen entstanden, so wurden auf verschie=
benen Synoden und zuletzt auch in Concilio Tridentino Sess. 7. c. 7.
de Reformatione verordnet, daß die Pfarreien durch vicarios perpe-
tuos (ständige Plebane oder Unterpfarrer) sollten versehen werden. Den=
selben wurde nun auch das Prädicat Pfarrer beigelegt; theils weil die
Seelsorge eigentlich auf ihnen ruhte, theils damit sie bei ihren Pfarrkin=
dern mehr Ehrfurcht und Zutrauen erhielten. Dem hiesigen Pfarrer oder
Pleban wurde jetzt auch gestattet, die Pfarrbücher zu führen, und aus
ihnen die verlangten Scheine auszustellen. Die Aushülfe der Kapitularen
im Beichthören und Predigen hörte nach und nach auf, und nur die
Feiertagspredigen wurden noch von einem Vicarius oder Kaplane gegen
eine jährliche Belohnung überlassen. Indessen setzte der Dechant als
Oberpfarrer seine Verrichtungen, wie vorher, immer noch fort, bis ihm
zur Zeit des Pfarrers Hornbam zwischen dem J. 1780 und 1790 durch einen
Machtspruch des h. Vicariats alle Pfarrfunctionen untersagt wurden.
Nach der Aufhebung des Stifts im Jahre 1802 entstand eine neue Ord=
nung der Dinge. Da nun kein Oberpfarrer mehr war, und Herr geist=
liche Rath Kauth durch sein Ableben im Jahre 1801 die Reihe der Ple=
bane beschloß, so nahm die neue Reihe der ordentlichen Pfarrer mit der
Besitznahme des Herrn Geistl. Rath Orth in Gegenwart eines erzbischöf=
lichen Commissarius Herrn Geistl. Rath Scheidel 1802 ihren Anfang.
Soweit die Geschichte der Pfarrei. Nun auch noch etwas von den beiden
Schutzpatronen der Stadt, ihrer Verehrung und wie man der Salvators=
kirche noch vor ihrem Abbruche den Namen der Bartholomäus=Kirche
beilegte.

Karl der Große wurde 1164 am 29. Dec. von Pabst Paschel II.
in die Zahl der Heiligen versetzt[3]), und nicht lange hernach kam die
Hirnschale des h. Bartholomäus hier an. Die Frankfurter wählten nun
die beiden Heiligen zu ihren Schutzpatronen; diesen zwar wegen den er=

---

[1]) l. c. p. 501.
[2]) l. c. p. 522.
[3]) Pilgram Calendarium chronol. medii aevi p. 209.

haltenen Reliquien, jenen aber als den ersten Stifter ihrer Kirche. Man war ihnen von der Zeit an mit einer ausgezeichneten Verehrung zuge= than. In der Hauptkirche wurden unter ihrem Namen Altäre errichtet und ihre Festtage wurden mit vieler Feierlichkeit begangen. Man zierte die ums Jahr 1352 verfertigten Chorstühle mit ihren Bildnissen, auf deren rechten Seite oder in Coran Evangeli der h. Carolus mit Krone, Zepter und mit der viergethürmten Kirche auf der Hand sitzend, auf der Linken aber der h. Bartholomäus mit den gewöhnlichen Attributen stehend vor= gestellet wird. Man nahm sie auf die zwei größten Glocken auf, von welchen die größte im J. 1440 gegossene die Karlsglocke, die kleinere von 1467 die Bartholomäusglocke heißt. Die schöne, nach gothischem Ge= schmacke gethürmte Monstranz, welche der Scholaster Johann Sommer 1498 machen ließ, prangt an beiden Seiten mit ihren Bildnissen. Man sah sie auf dem im Jahr 1654 von Zinn gegossenem Taufkessel, und sie stehen an beiden Seiten des Hochaltars in Lebensgröße. Mehrerer Denk= mäler ihrer alten Verehrung beim Stifte nicht zu gedenken. Aber auch die Stadt gab auf mancherlei Art zu erkennen, wie sehr sie ihre Schutz= patronen verehrte. Sie ließ 1346 bei der Erbauung der Galgenpforte (Porta patibuli) an der äußern Seite ihres Thurmes die beiden Heiligen in Lebensgröße aufstellen, über deren Häuptern sich zierliche von Stein gehauene Thurmspitzen erhoben, wie wir sie vor dem Abbruche der Pforte noch sahen[1]. 14... befahl der Rath, das Bild des h. Bartholomäus in das Stadtpanier aufzunehmen[2]), und noch kurz vor entstandener Refor-

---

[1] Dr. Feuerlein hat in einem seiner Werkchen, von dem unächten Namen des Gallenthores verleitet, statt des h. Bartholomäus den h. Gallus aufge- nommen; aber nach einer nachmaligen und genauern Besichtigung der Bild- nisse wurde er seines Versehens überzeugt und versprach den Fehler anderswo zu verbessern.

[2] Ich erinnere mich, dieses in der Lersner'schen Chronik gelesen zu haben. Nur schade, daß ihr Register höchst unvollständig ist, und ich das Gesuchte nicht mehr finden konnte.

Zusätze von Fichard: Daß die Salvatorskirche eine hohe und keine niedrige Lage gehabt haben müsse, ist aus dem Schlusse der Urkunde von 1232 abzunehmen, welcher heißt: Acta sunt haec ante gradus ecclesiae Francfurt. Anno dni 1232 (vid. Kolb. Aquila certans inter docum p. 128). Sex columnae unacum fornicibus sub quibus circa baptis- mum fuerat navi ecclesiae erzählt nach Joann Latom in libr. Jur. canon. fol. 1. — De ecclesia Salvatoris 1231 ruinosa testamtur litterae Indulgentiarum ejusdem anni: in Actis de Indulg. Archid. I S. B. (n. B.)

mation (ums Jahr 1507) ließ der Rath in dem großen Convent der Karmeliten ein großes Fenster von gemalten Scheiben verfertigen, in welchen oben ihre Schutzheiligen zu sehen sind.

Die große Verehrung der Hirnschale des h. Bartholomäus hatte bei der Salvatorskirche schon frühzeitig eine Veränderung ihres Namens bewirkt, und es soll eine Urkunde, ohngefähr aus der Mitte der ersten Hälfte des XIII. Jahrhunderts, vorhanden sein, in welcher von der Bartholomäuskirche und dem Bartholomäuskapitel bereits gesprochen wird. Ich wünschte diese für die Geschichte der Kirche merkwürdige Urkunde gesehen zu haben oder sie noch sehen zu können. Nachdem die Salvatorskirche über 350 Jahr gestanden war, wurde sie endlich baufällig. In dem ehemaligen Stiftsarchive befindet sich eine päbstliche Bulle von 1234, in welcher der Pabst von der Baufälligkeit der Kirche in Frankfurt spricht, und allen denjenigen, welche zum Baue dieser Kirche steuerten, einen Ablaß verleihet. Die Salvatorskirche hat ohne Zweifel ums Jahr 1235 aufgehört; indem die neue Kirche 1239 schon vollendet war.

Dritte Abtheilung.

Von der Bartholomäuskirche.

Der Abbruch der Salvatorskirche, durch ihre Baufälligkeit veranlaßt, wurde ums J. 1234 bewerkstelligt und die an ihre Stelle neu erbaute Kirche wurde von Ludolph, Bischof von Ratzeburg, 1239 am 24. August zu Ehren des Erlösers und des h. Bartholomäus eingeweiht. Das jährliche Kirchweihfest, weil es am Tage des Kirchenpatrons nicht konnte gehalten werden, verlegte der Bischof auf den Sonntag vor Mariahimmelfahrt, an welchem Tage es noch gefeiert wird[1]. Wir sehen an der Seite der alten Chorstühle eine sitzende Figur mit Krone, Zepter und mit einer viergethürmten Kirche auf der Hand, welche Kaiser Karl den Großen als den ersten Erbauer und Stifter der hiesigen Kirche vorstellen soll. Die noch unveränderte Bartholomäuskirche mußte ohne Zweifel zum Muster

---

[1] Würdtwein Dioec. Mogunt. in Archid. dist. T. II. p. 411; Müller in seiner historischen Nachricht vom Barthol.-Stift hat S. 161 die Einweihungs-Urkunde auch abdrucken lassen; aber darin gefehlt, daß er bei der Angabe des Jahres die römische Zahlbuchstaben mit arabischen Ziffern verwechselt hat.

dienen, nach welchem die kleine Kirche, wie sie Karl auf der Hand trägt, geschnitzelt wurde. Man wollte vermuthlich durch eine solche Kopie die späte Nachkommenschaft noch wissen lassen, wie das äußere Ansehen der Kirche von ihrem Anfange bis zum J. 1318 beschaffen war, wo ihre erste Veränderung mit dem Abbruche des Chors begann. Von ihren vier Thürmen soll in der folgenden Abtheilung die Rede sein. Die drei Thüren des Langhauses werden in alten Handschriften Porta Catechumenorum, Porta exorcisandorum parvulorum und Porta rubea, oder rothe Thüre genannt. Die nördliche Thüre gegen der Michelskapelle über war die Hauptthüre und die Porta Catechumenorum, weil bei ihr als der nächsten bei der Kanzel[1]) die Catechumeni oder diejenigen standen, welche im Glauben schon unterrichtet, aber noch nicht getauft waren. Diese durften dem Amte und der Predigt unter demselben beiwohnen; aber sobald die h. Geheimnisse der Messe mit der Aufopferung ihren Anfang nahmen, mußten sie die Kirche wieder verlassen. Von dieser Thüre verdient noch besonders bemerkt zu werden, daß sie eben diejenige war, an welcher der von den hier versammelten Kurfürsten gegen den Pabst abgefaßte Schluß im August 1338 angeschlagen wurde; daß nämlich ein neu gewählter Römischer König gleich nach seiner Wahl den Titel als römischer Kaiser führen sollte, ohne erst die Krönung in Rom abwarten zu müssen[2]). Hernach am 28. August heftete der päbstliche Legat den Bannfluch gegen Kaiser Ludwig an eben diese Thüre[3]). Latomus, da er von dieser Geschichte schreibt, nennt die Thüre Fores S. Mariae, welchen Namen sie ohne Zweifel von dem auswendig darüber gestandenen Marienbilde erhielt. Die westliche Thüre zwischen den zwei Kirchenthürmen, wo man nun aus dem Glockenhaus nach der Kirche geht, war die Porta exorcisandorum parvulorum, und der inwendig (unter der Orgel) gelegene und sich enger zusammenziehende Platz möchte nach der älteren kirchlichen Einrichtung der von der Kirche abgesonderte Ort gewesen sein, wo die Kinder, ehe man sie in die Kirche bringen durfte, vorher exorzirt, und dann nach dem nahen Taufstein, um die h. Taufe zu empfangen, gebracht wurden. Der Taufstein stand in der Mitte der Kirche zwischen den vier untersten Säulen, von wo er 1709 neben in das Scheidschörchen, und

---

[1]) Die Kanzel stand damals zwischen dem Chore und dem Taufchörchen, wo nun der h. Kreuzaltar steht.

[2]) Goldast Coll. Const. imper. T. I p. 331. Am Ende heißt es: „eas (literas) Majoris ecclesiae de Frankenfurt ostiis appendi sive affigi faciemus", welches auch noch am nämlichen Tage geschah.

[3]) Herp Annales Dominicanorum Francof. in Senckenberg selectis juris et hist. T. II. p. 5.

zuletzt in das Marie= oder Salmenchörchen, jetzt das Taufchörchen ge=
nannt, verſetzt wurde.

Die ſüdliche Thüre gerade gegen der nördlichen über, hieß von ihrem
rothen Anſtriche Porta rubea oder die rothe Thüre. Ihrer wird bei den
Jahren 1322 und 1338 gedacht, wo bei einer ungemeinen Höhe des
Maines das Waſſer bis an die rothe Thüre zu S. Bartholomäus bei
der Orgel geſtiegen war [1]). Der mittelſte große Bogen beim Scheids=
chörchen nahm bei deſſen Erbauung in der letzten Hälfte des XV. Jahr=
hunderts ihre Stelle ein. Daß man auch andern Thüren, aber ſpäter,
dieſen Namen beilegte, wird in der nächſten Abtheilung bemerkt werden.
Die Aehnlichkeit der kleinen Kirche, wie ſie auf Karls Hand erſcheint, mit
der noch unabgeänderten Bartholomäuskirche geben nicht allein die gleiche
Zahl der Thürme, und die nämlichen Standorte ihrer Thüren, ſondern
auch eine an dem hölzernen Kirchlein angezeigte Gurte zu erkennen, indem
die Kirche auch mit einer ſolchen umgeben war, von der noch die Ueber=
reſte an der nördlichen Seite des Langhauſes gegen dem Kreuzgange über
wahrzunehmen ſind. Obſchon die Kopie in Betracht der Fenſter mit dem
Original nicht übereinſtimmt, ſo glaube ich doch, daß das Langhaus an=
fänglich auf jeder Seite auch nur zwei Fenſter halte, und daß das dritte
erſt bei den Veränderungen der Kirche gebrochen wurde. Ich werde in
der folgenden Abtheilung bei den Fenſtern Gelegenheit finden, meine Ge=
danken über dieſen Gegenſtand weiter zu eröffnen.

Vierte Abtheilung.

Von der erweiterten Bartholomäuskirche und ihrer gegen=
wärtigen Beſchaffenheit.

§. 1.
Anlaß ihrer Erweiterung.

Die Geſchichte ſagt uns, daß durch Uneinigkeit der Kurfürſten im
Jahr 1314 zwei römiſche Könige ſind erwählet worden: Ludwig der Baier
am 20. Oct. auf dem alten Wahlfelde vor Frankfurt [2]), und Friedrich

---

[1]) v. Lersner Frankfurter Chronik T. I S. 532.

[2]) Obſchon der Wahltag auf den 19. Oct. ausgeſchrieben war, ſo wurde doch
Ludwig erſt am 20. erwählt; wie aus dem Notifikationsſchreiben der Kur=
fürſten an den Pabſt zu erſehen iſt. Daſſelbe befindet ſich in Nicol. Burgundi
hist. Bav. L. I. p. 15.

der Schöne von Oesterreich am 19. Oct. in Sachsenhausen[1]). Der Kurfürst Peter von Mainz und mit ihm die übrigen Kurfürsten, welche es
mit Ludwig hielten, wiedersprachen der Wahl Friedrichs, und erklärten sie
für ungültig; indem sie nicht auf dem rechtmäßigen Wahlorte geschehen
sei. Hierauf erwiederte der Gegentheil, die alte deutsche Constitution ver-
lange weiter nichts, als daß die Wahlen auf fränkischer Erde geschehen
sollen, und Sachsenhausen sei eben so gut fränkische Erde, als Frankfurt.
Diese Gegenerklärung mag wohl das Meiste dazu beigetragen haben, daß
Ludwig und die ihm anhangende Kurfürsten den Schluß faßten, mit dem
Wahlorte vor Frankfurt baldmöglichst eine Veränderung zu treffen, und
ihn in die Stadt zu verlegen. Die Bartholomäuskirche wurde nun die
Wahlkirche, welche die künftigen Wahlen von jedem andern Orte aus-
schließen sollte; die aber deswegen auch erweitert werden mußte. Ludwig
wurde 1314 am 26. Nov. zu Aachen gekrönt, und da er sich 1315 gegen
Ende des Januars in Frankfurt befand[2]), so scheint es mir beinahe gewiß zu sein, daß auf einem damals hier abgehaltenen Reichstage die Bartholomäuskirche durch einen Reichsschluß zur Wahlkirche sei erhoben worden, daß nur der in dieser Kirche durch die Mehrheit der Stimmen ge-
wählte König von allen Ständen als das rechtmäßige Oberhaupt des
deutschen Reichs sollte anerkannt und aufgenommen werden. Daß sich
dieses im Anfange des Jahres 1315 müsse ereignet haben, schließe ich
daraus, weil schon im folgenden Frühjahre der Anfang mit der Erweiterung der Kirche gemacht wurde, die ohne dieselbe für die große Wahl-
feierlichkeiten und die dabei versammelten Fürsten, Grafen, Herren und
noch andere Personen sicher zu klein gewesen wäre. Ich will zum Vor-
theil meiner bisher geäußerten Meinung noch einige Bemerkungen bei-
fügen. Die Wahl Günthers im J. 1349 und die erneuerte Wahl Karls IV.
noch in eben diesem Jahre konnten in der Bartholomäuskirche nicht vorgenommen werden, weil man damals noch mit dem Baue der Kirche beschäftigt war, und demnach getrauten sich die Kurfürsten nicht mehr nach
dem alten Wahlfelde vor der Stadt zurückzukehren. Sie nahmen die

---

[1]) Die Wahl Friedrichs geschah in der östlichen Vorstadt von Sachsenhausen,
wo die Gegend im Thiergarten heißt, und damals noch von Gebäuden frei
war. Der in der Nähe gestandene Hof der Ritter von Urberg konnte den
Wahlfürsten, in sofern es die Umstände erforderten, zum Aufenthalts-Orte
dienen.

[2]) Ein Schreiben des Kaisers an die Stadt Windsheim in Franken endet: „Dat.
Frankenfurd IV. Kln. Februarii: Regni Anno primo". Schneider Hist.
des gräflichen Hauses Erbach im Urk.-Buch p. 51.

Wahlen lieber im Predigerkloster und dessen Kirche vor, um dem neuen
Reichsschlusse in Betreff des Wahlortes auf keine Weise entgegen zu handeln, ja ihn vielmehr nach Möglichkeit zu erfüllen, und dadurch allen etwa
zu besorgenden Verdrüßlichkeiten den Weg zu versperren. Lersner in seiner
Chronik und noch andere haben darin sehr geirrt, daß sie die Verlegung
des Wahlortes in die Bartholomäuskirche der goldenen Bulle zuschrieben;
da doch der Kaiser in derselben nichts weiter sagt, als daß die Kurfürsten
gleich nach ihrer Ankunft am folgenden Morgen in der Bartholomäuskirche das Amt vom h. Geiste singen, und darauf zur Wahl schreiten
sollten. Der Kaiser hat also der Kirche nur wie im Vorübergehen er-
wähnt; die Veränderung des alten Wahlortes und seine Verlegung in
die Bartholomäuskirche konnte nicht anders als durch eine Reichsgesetz-
gebung bewirkt werden, und wäre eine solche auf den Reichstagen zu
Nürnberg und Metz, wo die goldene Bulle 1356 abgefaßt wurde, zu
Stande gekommen, so hätte Kaiser Karl dieselbe in gedachter Bulle nicht
mit Stillschweigen übergehen können; vielmehr würde er von der neuen
Reichssatzung und der für die künftigen Wahlen bestimmten Kirche mit
Nachdruck gesprochen haben. Da aber dieses nicht geschah, so ist zu schließen, daß die Bartholomäuskirche schon damals als die ordentliche Wahlkirche bekannt war, und ich muß bei meiner Meinung, daß diese Kirche
im Jahre 1315 zur Wahlkirche sei erhoben worden, so lange stehen bleiben, bis ein anderer mich eines Besseren belehren wird.

§. 2.
Von dem Bau eines neuen und größeren Chors und der Sakristei.

Nachdem die Vergrößerung der Kirche, als des künftigen Wahlortes
der Kaiser, beschlossen war, wurde im Frühjahr 1315 der Chor sammt
der Sacristei niedergerissen, und zu gleicher Zeit fielen auch die zwei neben
dem Chore gestandenen Thürme. Der Bau nahm mit dem 14. Mai
seinen Anfang[1]; wegen Mangel des Geldes aber währte es 23 Jahre,
bis er zu seiner gänzlichen Vollkommenheit gelangte, worauf 1338 am
9. August als dem Einweihungstage der erste Gottesdienst darinnen gehalten wurde[2]. Bei dem Judenbrande im Jahr 1349 breitete sich die

---

[1] Latomus in Lib. jurium Canonicorum p. 3 in archivio S. B.

[2] Ibidem

Flamme auch über das Chordach aus und zerstörte dasselbe. Es wurde 1350 wieder hergestellt und am Tage vor Ostern vollendet[1]). Das Chor war bei seinem Eingange durch ein gewölbtes Toral geschlossen, neben welchem sich die Chorthüren befanden, die während des Chorgottesdienstes nie offen stunden. 1711 wurde dieses Toral abgebrochen und das Chor bis zu den Staffeln bei der Sacristei erhöhet; also, daß von den 4 Staffeln nur eine noch übrig blieb. Die Gegend bei dem hohen Altar litt keine Veränderung, und fälschlich wurde behauptet, daß dieser Altar zur selbigen Zeit sei abgebrochen und neu erbauet worden; vielmehr zeugen die an seinem hintern Gemäuer bei der Erde noch sichtbaren Verzierungen von gothischen Bögen das Gegentheil. Soviel aber ist wahr, daß der Altartisch damals etwas mehr erhöhet wurde, und mit der Aufhebung des großen Altarsteins war das darunter befindliche Sepulchrum geöffnet[2]), in welchem man nebst den Reliquien auch noch ein kleines Pergament mit folgender Aufschrift fand: „Anno dni MoCCCo xlixo Consĕctum est altaē istud a venĕabli dnō-dnō Henrci de appoldia dci X scēaplicē sedis grā Lauacens. Ecctie Episcopo in hu o rē Sancti Bartholomei. appti frā Secunda pasce"[3]).

Der Fehler des Pfarrer Kirchner in Betreff dieser alten Schrift wird unten gerügt werden. Nach vollendeter Erhöhung des Chors wurde 1712 am Tage vor Pfingsten das eiserne Stangenthor mit einem prächtigen Aufsatz, unter welchem das Jahr 1712 zu sehen ist, und den Nebenthüren aufgerichtet. Die Kunst bemühte sich, dem Ganzen durch vergoldetes Laubwerk und noch andere Verzierungen ein prachtvolles Ansehen zu verschaffen. Der Graf von Staarenberg verehrte hierzu 400 fl.; und die wegen der Veränderung des Chors im Jahre 1711 eingekommenen Verehrungen betrugen laut Rechnung im Ganzen 2799 fl. 20 kr. Nachdem die Arbeiten am Vorabende vor Pfingsten vollendet waren, nahm der Chorgottesdienst auf Pfingsten wieder seinen Anfang, welcher bisher im Scheidschörchen war gehalten worden.

---

1) Ibidem. Schurgaeus Collectaneorum T. I. p. 215 ein Mss., welches ich selbst besitze und vid. Herp. Annal. Dominican. Francofurt. in Senckenberg Select. jur. et histor. p. 5. — ferner Mss. Rühl.

2) In der Kirchensprache wird der kleine vorn unter dem Altarsteine zugemauerte Behälter, worin sich die Reliquien befinden, das Sepulchrum genannt.

3) Ich habe diese Schrift selbst aus dem im Archive liegenden Original möglichst genau abgeschrieben.

§. 3.

**Wie man sich bestrebte, die nöthigen Gelder zur Fort-
setzung des Kirchenbaues herbeizuschaffen, auch etwas von den
Opfern, welche vor des Herrn Marterbilde fielen.**

Der Bau der Kirche wurde wegen Mangel an Geld sehr verzögert,
und sein Ende war ohne kräftige Unterstützung nicht wohl vorher zu sehen.
Deputirte des Rathes und des Kapitels traten deswegen zusammen, um
sich gemeinschaftlich über die Mittel zur Abhülfe des Geldmangels zu be-
rathschlagen. Von Seiten des Rathes wurde der Schluß gefaßt, die
Opfer, welche zu S. Wendelin vor Sachsenhausen fielen, dem Kirchbaue
zu überlassen, alsdann auch die Bürger mit den übrigen Bewohnern der
Stadt öffentlich zu ermahnen, des kostspieligen Kirchenbaues in ihren
Testamenten eingedenk zu sein. Dagegen mußte das Stift sich anheischig
machen, zu Rom einen Ablaß für diejenige zu bewirken, welche dem
Kirchenbau auf irgend eine Art zur Hülfe eilen würden. Nun gingen
viele Legate und Schenkungen ein, und nach erlangtem Ablasse fielen auch
häufige Opfer vor dem Martelbilde (Marterbild oder Oelberg) auf dem
Kirchhofe [1]). Außer dem baaren Gelde opferte man auch alle Gattungen
von Hausrath, Kleidungsstücken und andere Dinge, ja sogar lebendige
Thiere, als Kälber, Hämmel, Schweine und Hühner, für welche ein besonderer Behälter nicht weit von dem Bilde zugerichtet war. Einem
Manne (Custos imaginum oder Bildwärter genannt) war die Aufsicht
über die Opfer anvertraut, damit sie nicht gestohlen wurden, und dieser
hatte in dem Hause zum Fraßkeller hinter dem Pfarrthurme seine Wohnung. Unter den Wohlthätern des Kirchenbaues zeichneten sich die Bäcker
besonders aus, indem sie die geopferten Schweine übernahmen und sie
unentgeltlich mästeten, bis sie zum Schlachten tauglich waren. Jeden
Samstag hielt der Custos einen Ausruf, und überlieferte das aus den
Opfern gelöste Geld den stiftischen Fabrikenmeistern. Oft geschah es, daß
der Mann seinen Harnisch oder sein bestes Kleid, und die Frau ihren
besten Rock Tags vorher an das Martelbild hingen, und solche am folgenden Tage durch das Meistgebot wieder an sich brachten. Obschon auf

---

[1]) In Olenschlagers Erläuterungen der goldenen Bulle wird im Urkundenbuche
des Martelbildes auf dem Kirchhofe hinter dem Chor gedacht. Die Alten
schrieben Martel für Marter und Marteler anstatt Martyrer.

diese Weise vieles Geld einkam, so war doch dieses nicht allemal hin=
reichend, den schweren Aufwand zu decken, und man sah sich öfters ge=
nöthigt, mit dem Bauen eine Zeitlang einzuhalten. Dieß geschah im
Jahre 1509 zum letzteumale, und ehe man noch im Stande war, durch
wieder gesammelte Gelder dem Pfarrthurm die Krone aufzusetzen, entstand
Luther's Reformation, das größte Uebel für Deutschland, und das seiner
Vollendung so nahe Gebäude blieb nun Jahrhunderte durch unvollendet
stehen. [1]

§. 4.
Von den beiden Flügelgebäuden.

Der Bau des nördlichen Flügels, wo vorher die Kapelle der h.
Katharina gestanden, wurde 1316 angefangen und 1351 vollendet [2]. Der
hierauf vorgenommene Kreuzgangbau war Ursache, daß mit dem Baue
des südlichen Flügels noch einige Jahre mußte verzögert werden. Er
nahm erst 1352 seinen Anfang, und wurde 1353 zu Stande gebracht [3].
Durch den Bau der beiden Flügel hat die Bartholomäuskirche die Form
einer Kreuzkirche erhalten, was sie vorher nicht war.

§. 5.
Von dem hohen Gewölbe.

Nach vollendetem Bau der beiden Flügelgewölben war zwischen den=
selben noch eine große Oeffnung übrig geblieben, und es währete 58 Jahre,
bis dieselbe konnte geschlossen werden; denn da das Gewölbe des Lang=
hauses viel zu niedrig war, als daß es dem höheren Gewölbe zum Wider=
lager hätte dienen können, so mußte man vorerst eine Veränderung mit
dem Gewölbe im Langhause abwarten. Diese erfolgte auch im Jahre
1409, und da sich mit dem einen Gewölbe zugleich eine hohe Mauer er=
hob, welche stark genug schien, den Druck des höheren Gewölbes auszu=
halten, so wurde 1510 auch schon das hohe Gewölbe vor dem Chore
verfertiget. Dasselbe besteht aus dreien Abtheilungen. In dem mittelsten
befindet sich eine runde mit Quadersteinen eingefaßte Oeffnung, wie man
sie in alten Kirchen gewöhnlich noch wahrnimmt. Den Alten dienten

---

[1] Was bisher gesagt wurde, habe ich theils aus den Actis ad Fabricam ge=
zogen, theils aus anderen alten Handschriften gesammelt.
[2] Latomus in Libro jurium Canonicorum &c.
[3] Ibidem.

solche Oeffnungen, die h. Geschichte der Himmelfahrt Christi und die Sendung des h. Geistes auf Pfingsten dem in der Kirche versammelten Volke auf eine sinnliche Art vorzustellen. Auf dem Gewölbe über der Oeffnung ist noch ein großes Rad oder der Krahn zu sehen, mit dessen Hülfe man damals die Baumaterialien in die Höhe brachte. Das Stift, der großen Wohlthäter der Pfarrkirche eingedenk, wollte nun auch denselben ein bleibendes Denkmal stiften, und es ließ in dem einen Schlußstein der südlichen Abtheilung einen einfachen schwarzen Adler im goldnen Felde setzen, um das Wappen Königs Ludwig des Deutschen dadurch anzuzeigen, weil dieser die erste Kirche (die Salvatorskirche) erbauet hatte, aus der auf der nämlichen Stelle nachmals die Bartholomäuskirche entstanden ist. Der andere Schlußstein des nördlichen Gewölbes wurde bestimmt, das hiesige Stadtwappen aufzunehmen, weil nicht allein der Rath durch die dem Kirchenbaue zugewandten Opfer vom S. Wendelin vor Sachsenhausen, durch mehrere Aufrufe an die hiesigen Bewohner zur Beihülfe und durch dem Stifte geliehene Kapitalien zu Hülfe gekommen war, sondern auch die Bürgerschaft mit den übrigen Personen durch Vermächtnisse, Schenkungen und Opfer reichlichen Beistand leisteten. Weil das Gewölbe vor dem Chore viel höher wurde, als das ein Jahr vorher über dem Langhause erbaute Gewölbe, so wurde es in Bezug auf dasselbe das hohe Gewölbe genannt, und obschon seine Nebengewölbe von gleicher Höhe sind, so hat man ihm doch vorzugsweise diese Benennung gelassen.

§. 6.
Von dem Langhause oder Kirchenschiffe.

Die Vergrößerung der Kirche hatte für das Langhaus inwendig keine weiteren Folgen, „als die Erneuerung seines Gewölbes, weil es baufällig war, den Abbruch der alten Todsäule, und daß einige Veränderungen mit den Thüren und Fenstern vorgenommen wurden. Vorzüglich sind darnach seine 6 Säulen noch als ein würdiges Ueberbleibsel von der im Jahre 1239 eingeweihten Bartholomäuskirche zu betrachten. Während des 23jährigen Chorbaues wurde der Gottesdienst im Langhause gehalten, das ohne Zweifel mit einer Wand von Brettern zugeschlagen war. Man wies den im Chore und neben gestandenen Altären ihre Plätze wider den Säulen an, die deswegen ihre kleine blos zur Zierde dienenden Vorsäulen so weit verloren, als es die Höhe der Altäre erforderte. Diese Altäre blieben nachmals stehen, bis sie von den Lutheranern im Jahre 1635, als sie zum andermal im Besitze der Kirche waren, niedergerissen

wurden.[1]). Man nahm auf die Wiederergänzung der kleinen Vorsäulen
keinen Bedacht mehr, und daher rührt der noch sichtbare Mißstand, welcher
durch ihre Ungleichheit erzeugt wird. Bei dem großen Judenbrande im
Jahre 1348 ergriff das Feuer auch die Kirche, und ihr Dach mit dem
ganzen Gebälke wurde ein Raub der Flammen. Das Gewölb litt dabei
durch die lang angehaltene Glut, und späterhin auch noch durch den Abbruch des Chors so sehr, daß man sich keine gar lange Dauer mehr von
ihm versprechen konnte. Eine Handschrift vom Ende des XIV. Jahrhunderts spricht auch wirklich von der Baufälligkeit des Gewölbes über
dem Taufstein, welcher damals in der Mitte der Kirche zwischen den vier
untersten Säulen stand. 1409 wurde endlich das neue Gewölbe verfertigt, und zu gleicher Zeit wurden auch die vordersten Säulen mit Neben-
aufsätzen von gehauenen Steinen verstärkt, damit man ihnen die mit einem
hohen Mauersatze belasteten Bogen ohne Gefahr anvertrauen konnte, welcher
Aufsatz nachmals dem hohen Gewölbe zum Widerlager diente. Man
nimmt an der untersten südlichen Säule oben eine Mauerkelle wahr, welche
von dem gemeinen Manne für das Wahrzeichen der Kirche gehalten wird.
Derselbe erzählt oft wunderliche Dinge von ihr, und bringt nicht selten
auch den Teufel mit ins Spiel. Dieß reizte meine Neugierde so sehr,
daß ich es wagte, mich mit Hülfe eines Steindeckerstuhls hinaufziehen zu
lassen, um eine genaue Untersuchung über sie anzustellen. Ich fand dieselbe ganz von Eisen, und ihre Spitze mit einem Riethnagel an eine
eiserne im Gemäuer liegende Stange befestiget. Die angewandte Sorg-
falt für ihre künftige Erhaltung ließ keinen Zweifel übrig, daß sie eine
besondere Bedeutung haben müsse. Ich halte deßwegen dafür, daß 1409
über dieser Säule der erste Stein zum neuen Gewölbe gelegt wurde, und
daß der Werkmeister[2]), um den Ort im Andenken zu erhalten, die Kelle
dahin gestiftet habe. [3])

---

[1]) C. Ritsch geschriebene Chronica von Frankfurt, darinnen er Alles aufzeichnete,
was sich zu seiner Zeit hier Merkwürdiges ereignete.

[2]) Der Werkmeister (Magister operis, und zuweilen auch Magister fabricae in-
ferior oder der Unterfabrikmeister genannt) war gemeiniglich ein Maurer-
oder Steinmetzmeister, welchem die Aufsicht über den Kirchenbau und die
Handwerksleute anvertraut war. Er wurde bei seiner Annahme durch einen
besondern Eid verbindlich gemacht.

[3]) Absis septentrionalis ecclesiae S. Barthol. loco, ubi nunc est horologium,
versus altare S. Catharinae, ubi prius fuit capella ejusdem S. Virginis
C. et de super Scholam ac granarium fundabatur anno 1346 et completur
hoc aedificum annis VII. (1353) per capitulum. (Lib. jur. Canon. fol. 3.)

§. 7.

Von den Todssäulen.

Erhöhte und gewölbte Plätze in der Kirche, unter welchen man durch=
gehen konnte, pflegten von den Alten die Todssaale genannt zu werden.
Dergleichen Plätze befanden sich unten in den Nebengängen des Lang=
hauses, und sie hatten von den Stiegen der hinter ihnen gestandenen
Thüren ihre Eingänge. Man sieht auf beiden Seiten in den Ecken noch
die Untersätze von abgebrochenen Gewölben, welche sich an die gegenüber=
stehenden Säulen anlehnten, und auf einer kleinen Vorsäule ihren festen
Ruhepunkt faßten. An der nördlichen Säule hat sich die kleine Vorsäule
mit einem runden Kapital noch unverletzt erhalten; an der südlichen aber
wurde sie abgebrochen und nur ein Stück blieb noch stehen, um die Last
eines steinernen Epitaphiums auf sich zu nehmen, welches dem im Jahre
1535 verstorbenen Sänger Henrich vom Rhein errichtet wurde. Auf dem
Todssaale dieser Gegend stand die Orgel, deren bei der Rothen Thüre
1322 und 1326 gedacht wird. Weil die Todssaale in der untern Gegend
der Kirche sehr dunkel machten und sie der vorzunehmenden Vergrößerung
der Fenster im Wege stunden, so hielt man es für nothwendig, sie abzu=
brechen. Sie waren eben so alt als die Kirche, und ihr Abbruch geschah
entweder kurz vor der neuen Wölbung des Langhauses oder doch bald
hernach. Die in der Höhe zu beiden Seiten der großen Orgel sichtbaren
Mauerschränke mit eisernen Thüren rühren noch aus den Zeiten gedachter
Todssaale her. Einer von ihnen, durch seine Größe und Tiefe besonders
ausgezeichnet und mit Holz ganz ausgefüttert, schien mir eine andere Be=
stimmung als die eines bloßen Wandschrankes anzuzeigen, und wollte man
einer alten Sage unter den Stiftsherrn Glauben beimessen, so wäre
dieser Ort der Kerker gewesen, worin die dem Stifte unterworfenen Per=
sonen ihre Vergehungen auf einen oder mehrere Tage abbüßen mußten.
Noch ein anderer Todssaal, von schöner gothischer Arbeit, oben in der
Mitte mit einem Crucifix und Maria und Johannes geziert, stand vor
dem Chore zwischen den zwei Chorthüren und ruhete vorn auf zwei Säu=
len. Unter seinem Gewölbe befand sich der Pfarr= oder h. Kreuzaltar,
welcher eigentlich dem h. Bartholomäus geweihet war, aber in der Zeit=
folge von dem oben befindlichen Crucifix den Namen des h. Kreuzaltars

Mpt. Joann Latom. in libro statut. Ser. 3 et Glorian p. 216.) — ferner
Collect. Phil. Schurg. I, 224 und Annal. R. F.) —

erhielt. Vor demselben wurden die Kaiser oder Könige gesalbt und ge-
krönt, nachdem vorher ihre Wahlen von dem Todsaale verkündigt waren.
Man findet es in dem Krönungs-Diarium der Kaiserin Anna, des
Kaisers Mathias Gemahlin, von 1612 in 4° und in dem Wahl- und
Krönungs-Diarium.

§. 8.
Von den Pforten oder Thüren.
Die Thüre unter der großen Orgel beim Glockenhäuse.

Zur Zeit der noch unveränderten Bartholomäuskirche befanden sich
im Langhause drei Thüren, von welchen sich nur diese allein noch erhalten hat. Die ältesten Nachrichten von ihr sind in der dritten Abtheilung
bereits mitgetheilt worden. Sie war die Porta exorcisandorum parvulorum, oder die Thüre nächst beim Taufsteine, bei welcher nach altem
Kirchengebrauche der Exorcismus über die Kinder, ehe man sie zur Taufe
trug, vorgenommen wurde. In der letzten Hälfte des XIV. Jahrhunderts
und nachher geschah diese Ceremonie vor der Thurmthüre im Kreuzgange.
Ob die Benennung der alten Kirchenthüre damals auch an die Thurmthüre übergegangen war, läßt sich wohl vermuthen, aber nicht mit Gewißheit behaupten. Bei Gelegenheit des im Jahr 17 . . gesprengten
Orgelgewölbes verlor sich das alte Thürgestell, und das neue erhielt
statt der hölzernen Thüre eine zierlich gearbeitete Flügelthüre von Eisen[1]).

Die Marienthüre.

Oder Porta S. Mariae, wie sie in Handschriften vom Ende des
XIV. Jahrhunderts genannt wird. Sie ist die doppelte, in der Mitte
durch einen Stein getheilte Thüre des nördlichen Flügels, und hat von
dem auswendig über ihr stehenden Bilde den Namen erhalten; nachdem
vorher die ältere Marienthüre des Langhauses durch den vorgesetzten Bau
des Kreuzgangs aufgehört hatte. Die über ihr angebrachten Verzierungen
des alten Kunstfleißes verdienen nicht außer Acht gelassen zu werden, nur
Schade, daß sie nicht zu ihrer gänzlichen Vollkommenheit gelangt sind,

---

[1]) Anno 1674 in profesto S. Catharinae fores ecclesiae versus Pfarreyhen
ab intus duplicantur (Protocoll. Fabr. v. Capitul.) ne continuo apertis
ventus tam concionantem Suggestum quam celebrantem in altari
nimium impetat aut plebs acatholica in iis scandalosa haereat et
clamet. —

indem die in einem Spitzbogen übereinander gestellten mit den kleinen Figuren von Heiligen, für die sie bestimmt waren, nicht ausgefüllt wurden. Statt der Marienthüre kamen in späteren Zeiten auch noch andere Namen auf. In der Wahlgeschichte des Kaisers Ruprecht von 1400 heißt sie die Obere Thüre gegen Sant Michaels-Capelle, oder Obere Thüre gegen S. Michels-Kirche über, wie sie in Actis ad Fabricam von 1571 angezeigt wird. Ferner die Hohe Thüre, die Hohe Pfarrthüre, Summa templi porta, weil sie den höchsten Standort hat, indem man in der Kirche 5 Treppen hoch zu ihr hinaufsteigen muß, die übrigen Thüren aber dem Boden gleich stehen. Nach dem Zeugnisse alter Handschriften reihet sich an diese Namen auch noch ein dritter an: Die große Thüre oder Porta magna. Vermuthlich wurde ihr derselbe durch ihre Vorzüge zu Theil, daß sie die Hauptthüre war, und daß die Kaiser durch sie ihre feierlichen Einzüge in die Kirche hielten, wovon uns die vorgedachte Wahlgeschichte von 1400 ein Beispiel liefert. Darin wird gemeldet, der Kaiser sei in der Fahrgasse beim Kirchhofe (der Kirchhofpforte) gegen Falkenstein (das Eck. A. 166) über vom Pferde gestiegen und über den Kirchhof durch die Kirchenthüre in den Chor gegangen. Nach der Veränderung des Kirchhofes im Jahre 1571 nahmen die Einzüge der Kaisers in die Kirche einen andern Weg. Zu den Vorzügen dieser Thüre gehörten auch noch die verschiedenen Handlungen, welche nach der Sitte der Zeit vor derselben vorgenommen wurden, und worunter sich die Hausverkäufe vorzüglich auszeichneten. Alle ihre vorher gedachten Benennungen sind den jetzt Lebenden gänzlich unbekannt und sie wissen sie nicht anders als die Pfarreisenthüre zu nennen[1]).

---

[1]) Porta Sancta Mariae. 1400 vid. Acta r. p. 3. Lersner I. 9 . — Summa Templi porta. vid de offic. lampad. p. 28. im Archiv S. B. — 1400 wird bei der Wahl des Chorthors gedacht (vulgari sermone vocat.) Lersner I. 103. Die hohe Pfarredore uff dem Kirchhoffe ibld. Von der hohen Thüre, Lersner II. 48, 2, ferner hiervon Lersner I. 200, 2 u. 220, 1, ferner I, II 20 (1529), endlich I. 213, 1. Durch diese Thüre zogen die Kaiser in die Kirche zur Krönung. Es geschah noch 1711, welches wir daher abnehmen, weil die 3 Läden rechter und linker Hand am Kreuzgange, wo der h. Bartholomäus steht, ganz abgerissen und der Ueberhang an den Läden auf dem Pfarreisen abgeschnitten wurden. Lersner I. 74. — Janua haec memorabilis ab actus Ludovici Bavari anno 1338. vid. Florian p. 240. — Bei Leopold ging der Zug durch den geschlossenen nördlichen und östlichen Theil des Kreuzgang, zurück aber durch das Glockenhaus und Kreuzgang. vid. Acta r. sub Friedr. III. pag. 36 et sequ. Chorthüre. Lersner I. 533 anno 1407. Lersner II. 74 u. 110, die 3 Läden 2c. (der Zug ging also über Pfarreisen per portam magnam). Anno 1612 vid. Diar. hist. p. 65.

Die rothe Thüre.

ober Porta rubea ist die Thüre des südlichen Flügels, welche gleich der vorigen durch einen Stein getheilt ist. Ihr Anstrich gab die Gelegenheit zu ihrem Namen, den sie aber erst im Jahre 1487 erhielt; als die Rothe Thüre des Langhauses durch den Bau des Scheidschörchen aus den Augen verschwunden war, und man hierauf den Namen der eingegangenen Thüre auf die neue übertrug. Handschriften aus den früheren Zeiten des XVI. Jahrhunderts geben dieses schon zu erkennen. So lange ihr noch kein besonderer Namen eigen war, nahm man die gegenüberstehenden Häuser zu Hülfe, wenn man sie vor den übrigen Thüren kenntlich machen wollte. In der Wahlgeschichte Kaisers Ruprecht von 1400 wird erzählt, daß der Bürgermeister, um die Wahl zu schützen, sich mit 200 Gewaffneten im Leinwandhause aufgehalten habe, und daß während der Wahl ein Theil seiner Leute in der Kirche von der Chorthüre bis zur Kirchenthüre sei aufgestellt gewesen. Auch wird in einer Handschrift von 1400 dieser Thüre gegen dem Kaufhause über gedacht. Dieses Haus war 1400 schon erbaut, steht noch, und wird nun das alte Kaufhaus oder die Lederwaage genannt. Der fromme Eifer unserer Vorfahren, die Gotteshäuser auf mancherlei Art zu zieren, hat sich auch bei dieser Thüre bewiesen. Außer einem Crucifix mit Maria und Johannes über derselben, erhebt sich auch noch ein bis oben ans Dach reichendes Viereck mit einer Menge kleiner Figuren und Verzierungen, von welchen der gemeine Mann oft närrisches Zeug zu erzählen weiß.

Es ist bekannt, daß die Luft in der Gegend um die Kirche fast immer in Bewegung ist und wenn Winde aus Osten oder Westen stürmen, so ist die Zugluft durch die Kirche oft sehr stark, daß man nur mit vieler Mühe ihre Thüren öffnen oder zumachen kann. Ueber diesen Zug der Luft hörte man öfters klagen und man war nicht im Stande, dem Uebel ganz abzuhelfen. Aber wie unerträglich mußte erst der Zug sein, wenn auch die dritte Thüre noch geöffnet wäre. Es ist daher nicht ohne Grund zu vermuthen, daß die Thüre, von welcher bisher die Rede war, zum täglichen Gebrauch nie offen stand, und daß sie nur bei feierlichen Gottestrachten, großen Bittgängen und sonstigen Gelegenheiten geöffnet wurde. Die Vermuthung wird auch dadurch bestärkt, daß zu gleicher Zeit mit der großen Thüre auch eine kleine im Magdalenenchörchen erbauet wurde, die wohl keinen andern Zweck haben konnte, als die größere leichter entbehren zu können. Durch den Vergleich von 1571 wurde der größte Theil des Kirchhofs an den Rath abgetreten, und zwischen der neuen Kirchhofmauer und den Staffeln der Rothen Thüre blieb nur noch ein schmaler Weg übrig, wodurch die Unbequemlichkeit erzeugt wurde, daß die Prozessionen, wenn sie in die Kirche zurückkehrten, dicht an der Kirchhofsmauer vorbei geführt werden mußten, wo alsdann die Besitzer der auswendig wider die Mauer erbauten Läden geflissentlich einen großen Lärm in denselben erregten, um die Katholiken in ihrer Andacht zu stören. Man suchte sich deswegen von der Mauer so weit als möglich zu entfernen, und brach eine neue Thüre, von welcher Zeit an die Rothe Thüre für immer geschlossen blieb [1]).

Die Kirchhofthüre.

Was die Veranlassung ihrer Entstehung war, habe ich so eben gesagt. Sie nimmt die Stelle unter dem letzten Fenster nächst bei der Rothen Thüre ein, wo zuvor ein Altar gestanden, der im Jahr 1591 abgebrochen wurde. Sie bleibt gewöhnlich geschlossen und wird nur bei Umgängen, oder wenn es andere Umstände erfordern, geöffnet.

Die Magdaleneuthüre.

Sie war die kleine Thüre, welche 1352, und also zu gleicher Zeit mit der Thüre des südlichen Flügels, gesetzt wurde. Obschon sie gegen Süden schaut, so wird sie doch in alten Handschriften als die Porta orientalis, oder als die östliche Thüre der Kirche beschrieben, weil die kleine Kapelle, unter deren Fenster sie sich befand, dem südlichen Kirchenflügel gegen Osten an der Seite steht, und sie durch solche Beschreibung von den südlichen Thüren, deren mehrere waren, unterschieden wurde. Man legte ihr nachmals den Namen von der Kapelle oder dem Chörchen bei, welches der h. Maria Magdalena geweihet war. Sie wurde als ganz entbehrlich im XVIII. Jahrhundert zugemauert, und dieses soll kurz vor oder nach der Mitte desselben geschehen sein.

Die Kreuzgangthüre.

Von ihr und ihrem veränderten Standorte, wie auch von der ehemaligen Kreuzgangthüre gegen dem Karlsaltare über ist in dem Abschnitt bei den Nachrichten vom alten und neuen Kreuzgange nachzusehen.

Die rothe Thurmthüre.

In den alten Handschriften der Fabrik oder des Kirchenbaues erscheint dieser Namen öfters, und er zeigte die Thüre an, durch welche man aus

---

[1] Lersner I. 532 (1322 et 1338). Archiv für Frankfurts Geschichte und Kunst. 3. Heft. S. 114 u. ff.

dem Glockenhause in das Fabrikhöfchen gehet. Sie ist noch die erste Thüre, die zu ihrer längeren Erhaltung mit einem Ueberzuge von groben und mit rother Oelfarbe überstrichener Leinwand bekleidet und mit vielem zierlich gearbeiteten Eisenwerke beschlagen wurde. Die Länge der Zeit setzte ihrem Ueberzuge so sehr zu, daß sie nun gänzlich von demselben entblößt ist. Vor 50 Jahren sah ich noch die Fasern von grober Leinwand unter den eisernen Beschlägen hervorblicken, und zugleich nahm ich auch noch die Spuren von rother Oelfarbe daran wahr. 1809 wurde der Windfang, welcher in der Karmeliterkirche stand, answendig vor diese Thüre gesetzt, um den starken Luftzug in der Kirche mit dessen Hülfe erträglicher zu machen.

Die Thurmthüre nach dem Kreuzgange.

Was ich von dieser Thüre hier sagen könnte, ist im Abschnitte bei dem letzten Baue des westlichen und südlichen Kreuzgangs bereits gesagt worden, wohin ich also meine Leser verweisen muß. Der Augenschein gibt zu erkennen, daß sie die alte Thüre nicht mehr ist, und ich vermuthe, daß diese und die Thüre nach der Kirche zu gleicher Zeit sind erneuert worden.

§. 9.
Von den Fenstern.

Die Kunst der alten Glasmalerei, welche bei den Kirchenfenstern vorzüglich angewandt wurde, ist in Betracht der nicht genug zu bewundernden Lebhaftigkeit ihrer Farben verloren gegangen, und kein Künstler der neueren Zeit war mehr im Stande, den Farben ihr ewiges Leben wieder zu geben. Man trifft noch in vielen alten Kirchen, besonders in den niederländischen, gemalte Fenster von solcher Schönheit an, daß sich das Auge nicht genug daran ergötzen kann. Unsere Kirche war ehemals auch mit solchen Prachtfenstern versehen, deren Colorit jedoch den niederländischen nicht beikam. Zwei Fenster dieser Art haben sich im Chore über der kleinen Orgel bisher noch erhalten, und in dem Fenster über dem hohen Altare sind ganz oben noch einige Scheiben von farbigem Glase zu sehen. Wahrscheinlich sind die gemalten Fenster des Chors im Jahre 1116 zum erstenmal gegen weißes Glas verwechselt worden, und die neuen Fenster erhielten verschiedene Wappen. In das nächste Fenster bei der Sacristei wurde das Wappen des damaligen Probstes von Schönborn in farbigem Glase gesetzt, welches unten die ganze Breite des Fensters einnahm, demselben wurde sein Namen und Titel, wie auch die Jahrzahl 1716 beigefügt. In der Mitte des Fensters über der Thür des Kaiserchors war das Wappen des Dechants Balthasar Pletz mit einer Unterschrift und der obigen Jahrzahl zu sehen, und in den Nebenfenstern über den Chorstühlen standen in dreien Reihen übereinander die Wappen der 12 Kapitulare, welche damals lebten, und unter eines jeden Wappen sein Namen, seine Stelle, die er begleitete, und das Jahr 1711.

Im Anfange des 18. Jahrhunderts fiel ein Fensterflügel mit dem Wappen herunter, und da das Glas sehr abgestorben war, und das viele Blei wegen der kleinen Scheiben das Licht sehr verminderte, so wurden die Fenster neu gemacht, und erhielten größere Scheiben; die Wappen aber wurden nicht wieder eingesetzt. Außer dem Chore in den beiden Flügeln zeigten sich noch die sechs großen Fenster hinter den Altären in ihrem farbigen Gewande. In einem jeden derselben standen neben zwei Figuren von Heiligen in Lebensgröße, über deren Häuptern sich gothische Thurm= spitzen bis oben ans Ende der Fenster erhoben; unter ihren Füßen aber sah man die schräg gestellten Wappen der adeligen Geschlechter, welche die Fenster als Wohlthäter der Kirche machen ließen; den übrigen Raum der Fenster, sonderlich in der Mitte, bedeckten Blumen, Laubwerk und mehr andere Verzierungen, wie sie den Künstlern damaliger Zeiten eigen waren.

Das erste Fenster am Pfarreisen war jedoch von den übrigen da= durch verschieden, daß unten in der Mitte eine geharnischte Figur mit einer Helmhaube kniete, und neben ein kleines schwarzes Schild mit den silbernen Rosen zu sehen war, welches einen Herrn von Holzhausen als Wohlthäter der Kirche zu erkennen gab.

In dem zweiten Fenster zeigte sich rechts ein weißer Schild mit einer rothen Strahle, dessen oberes Feld mit zwei Bergen, das untere mit einem Berge besetzt war. Es war das Wappen derer von Munzenberg, welches mit dem Wappen der Herrn von Münzenberg, die 1260 schon ausge= storben waren, nicht die geringste Aehnlichkeit hatte.

In der andern Ecke links ein quadrirter Schild, das erste und dritte Feld ganz weiß. Ich vermuthe, daß das farbige Glas herausgefallen, und dafür das weiße eingesetzt wurde. Im zweiten und vierten rothen Felde ein weißer einfacher und links schauender gekrönter Adler mit aus= gebreiteten Flügeln. Es wäre möglich, daß dieses Wappen der nämlichen Familie angehörte, mit deren Wappen das letzte Fenster nach der nörd= lichen Seite des Langhauses geziert war; denn in Betracht des Adlers im rothen Felde stimmten die beiden Schilder vollkommen überein, und sollten sie sich auch im Uebrigen noch geglichen haben, so müßte das erste und dritte Feld des vorgedachten Wappens statt des weißen Glases vorher ein farbiges mit Rosen und einer Schaafscheere bemaltes Glas gehabt haben.

Im ersten Fenster des südlichen Flügels rechts das quadrirte Wappen der Ritter von Sachsenhausen. Erstes und drittes Feld mit einer rothen Straße, über welcher eine Klettenstaude. Dieses war das Wappen der Ritter von Praunheim, genannt Klettenberg. Im zweiten und vierten Felde erschien das Sachsenhäuser Wappen, der Schwanenhals. Bei diesem Wappen hat sich ein bedeutender Fehler eingeschlichen: die Seite, welche inwendig stehen sollte, wurde auswendig gesetzt, und dadurch erhielt das Wappen von Praunheim den Rang vor dem Sachsenhausischen Wappen. Nach der Erlöschung des von Praunheimischen Stammes erbten die Ritter von Sachsenhausen dessen Güter, und sie nahmen auch sein Wappen in ihr Schild auf, ohne jedoch demselben den Rang vor dem ihrigen zuzugestehen. Ich habe das Verhältniß beider Familien aus archivalischen Nachrichten kennen gelernt. Wer sich von der Wahrheit des verkehrt eingesetzten Wappens vollkommen überzeugen will, der trete vor das nächst bei dem gemalten Fenster stehende Monument, welches dem im Jahre 1371 verstorbenen Ritter Rudolph von Sachsenhausen errichtet wurde, und er wird wahrnehmen, daß in seinem Schilde nicht das Praunheimische, sondern das Wappen seines Geschlechts den ersten Platz behauptet. Ja, da dieser Rudolph um die nämliche Zeit lebte, wo das farbige Fenster hinter dem Bartholomäus-Altare, worüber ihm das Patronatsrecht zustand, verfertigt wurde, so zweifle ich auch nicht daran, daß eben dieser Rudolph das Fenster auf seine Kosten habe machen lassen. Links gegen dem vorigen Wappen über war das bekannte Wappenschild des hiesigen adeligen Geschlechts von Knobloch zu sehen. In dem mittelsten Fenster rechts ein Schild da vorne ein rother Pfahl, der weder oben noch unten an den Rand des Schilds anstieß. In der Mitte eine große aufrechtstehende gekrönte, und in ihrer Mitte gekrümmte Schlange; hinter derselben aber der obere Theil, wie es scheint, einer schwarzen Schmiedszange. Was für einer Familie dieses Wappen zugehörte, habe ich nicht erfahren. Links das Lichtensteinische Wappen, nämlich ein Schild mit dreien in der Form eines Dreiecks gleich weit von einander stehenden Rosen. Die inwendige Figur, mit welcher sich dieselben verbinden, scheinen mir was anders, als ihr Stengel, andeuten zu wollen. Unter den hiesigen Patriziern vom Hause Limburg befand sich ehemals auch eine Familie von Lichtenstein; beider Wappen aber waren wie Tag und Nacht von einander unterschieden. In dem sechsten und letzten Fenster waren keine Wappen mehr zu sehen. Sie verloren sich, als die Thüre nach dem Kirchhofe gebrochen wurde und das Fenster unten eine veränderte Gestalt erhielt. Weil die

3

Fenster durch die Länge der Zeit schon gar sehr gelitten hatten, und in den zweien letzteren Fenstern schon mehrere Flügel von weißem Glase eingesetzt waren, welches einen großen Mißstand erzeugte, so beschloß das Kapitel, statt der baufälligen gemalten Fenster neue von weißem Glase machen zu lassen. Der Anfang wurde 1782 im Juli und August bei dem ersten und zweiten Fenster des südlichen Flügels gemacht, mit dem verfertigten letzten aber stand es bis zum Jahr 1789 an. 1783 verehrte Sänger Lind auf dem Liebfrauberge dem Kapitel eine Kiste Lahrer Glas, fl. 50 werth, zu den neuen Fenstern. 1787 kam auch die Reihe an die Fenster des nördlichen Flügels, und zwar zuerst an das Fenster gegen der Uhr über. Außer den bisher beschriebenen Fenstern von farbigem Glase waren schon längst keine mehr dieser Art, weder in den beiden Flügeln, noch im Langhause zu sehen, und nur einige Wappen aus den Zeiten der alten Glasmalerei hatten sich hier und da noch erhalten, die aber seit kurzer Zeit auch verschwunden sind. Da indessen die weißen Fenster sich auch nicht mehr in gar gutem Zustande befanden, so wurde der Schluß gefaßt, sie nach und nach alle erneuern zu lassen. Dieß geschah 1790 mit den Fenstern in dem Magdalenenchörchen. 1791 mit den Fenstern über der Hauptthüre des südlichen Flügels, und dem Fenster im Pfarr- oder Taufchörchen, in welchem das bekannte Wappen der Weißen von Limburg, in einer zierlichen runden Einfassung von einem Engel gehalten, zu sehen war. Auch wurden in eben diesem Jahre noch die Fenster im Scheidschörchen, und dann auf der nördlichen Seite des Langhauses neu gemacht. Und 1792 erhielten die zwei halbe Fenster über dem Kreuz- und Muttergottes-Altären neue Scheiben; der indessen entstandene französische Revolutionskrieg machte den weiteren Unternehmungen ein Ende.

§. 10.
Von den letzten zwei Thürmen der alten Bartholomäuskirche.

Die Geschichte meldet, daß bei dem großen Judenbrande im Jahr 1349 nebst einer Menge Häuser auch das Dach der Bartholomäuskirche und ihre zwei Thürme ein Raub der Flammen geworden seien. Diese Thürme standen unten auf den Ecken des Langhauses. Sie waren viereckig, schmal und nicht gar hoch. In beiden Thürmen befanden sich enge Schneckenstiegen, deren Mauerwerk ihren ganzen innern Raum ausfüllte.

Die enge Stiege wurde nachmals die Stiege des Pfarrthürmers, weil sie aber so schmal war, daß Keiner dem Andern darauf ausweichen konnte, so brach man neben die Steine so tief aus der Mauer, als es der Platz, einander ausweichen zu können, erforderte, wie Jedermann dieses noch sehen kann. Nach der innern Beschaffenheit dieser Thürme zu urtheilen,

konnten sie keine eigentliche Glockenthürme gewesen sein. Sie waren viel=
mehr die Stiegen nach den vorher beschriebenen Todsaalen in der Kirche,
wie man auch wirklich in der untersten Stiege des Thurmes die zuge=
mauerte Thüre noch wahrnimmt, durch die man ehemals nach der auf
dem Todsaale gestandenen Orgel ging. Die bei den Stiegen erbauten
Thürme hatten keinen andern Zweck, als das äußere Ansehen der Kirche
noch mehr zu verherrlichen. Wem ist nicht der fromme Eifer unserer
alten Vorfahren bekannt, die Kirchen allenthalben nach Möglichkeit zu ver=
zieren, und daß durch ihre ungemeine Freigiebigkeit jene heiligen Pracht=
gebäude entstanden sind, welche die späte Nachwelt noch anstaunen muß?
Der andere Thurm neben dem jetzigen Schulhofe steht nicht mehr. An
seiner Stelle erhob sich ein neues Gebäude, mit einer breiten und gemäch=
lichen Schneckenstiege, auf der man nun dem Kirchengebälle bei sich
ereignenden Unglücksfällen weit leichter als vorher zu Hülfe eilen kann.
Durch meine bisher mitgetheilte Bemerkungen erhält die Meinung von
den vier Thürmen der alten Bartholomäuskirche allerdings das Ansehen
der Wahrheit, und daß die zwei mit dem Chore im Jahre 1315 nieder=
gerissenen Thürme die eigentlichen Glockenthürme gewesen sind.

Laut eines Auszuges aus den ZumJungischen Annalen wurden 1414,
als man den Pfarrthurm zu bauen anfing, die beiden Thürme (die Dächer
von beiden, aber nur von einem das Mauerwerk) abgebrochen, und die
Sturmglocke, welche mit einer oder der andern Glocke (vermuthlich der
kleinen Sturmglocke oder dem Gemperlein) in den Thürmen hing, wurde
auf dem Kirchengebälle aufgehenkt. Es war nicht möglich, die Sturm=
glocke durch die so enge Stiege auf den Thurm zu bringen, sie mußte
also, wenn die Nachricht gegründet sein sollte, von Außen hinaufgezogen,
und unter das Dach gebracht worden sein, und alsdann hätte sie auch
nur oben geschlagen oder geläutet werden können.

§. 11.
Von den Thürmen der erweiterten Bartholomäuskirche und ihren Glocken.

A. Von dem Baue des Pfarrthurms.

Wie sehr die Kirche eines Thurmes zu einem ordentlichen Geläute
benöthigt war, haben die bisher mitgetheilten Nachrichten hinlänglich zu
erkennen gegeben; um aber einen schicklichen Platz zu einem solchen Thurme
zu erhalten, kief das Stift im Jahr 1414 am Donnerstage nach Pfingsten
·(31. Mai) das nächst bei der Kirche gestandene alte Rathhaus, worin
schon seit 1407 keine Sitzungen mehr waren gehalten worden. Dasselbe
wurde 300 Pfund Heller geschätzt, von welchen aber die Fabrik nur

3*

100 Pfund bezahlte, weil das Kapitel 100 Pfund übernahm, und der Rath eben soviel fallen ließ; wogegen aber demselben die Zinsen auf der Juden Hofstatt (dem nachmaligen Brückhofe in der Fahrgasse) zwischen Conrad von Löwenstein, und Volmarks von Offenbach Hofe gelegen, wie auch die Zinsen auf der Stadt steinernen Hause (dem Leinwandshause) erlassen wurden[1]. Nachdem nun das Rathhaus niedergerissen und das Fundament gegraben war, wurde 1416 am Tage nach dem Festtage des h. Bonifaz (6. Juni)[2] von dem Dechant Jacobus Herbate und den zweien stiftischen Fabrikmeistern: Nicolaus Gerstungen, Custos, und Joann. Eck, Canonicus, und nach diesen auch von den zweien magistratlichen Fabrik- meistern: Gelbert von Glauburg, Heinrich von Holzhausen und von Con- rad Weiß zum Löwenstein, Senator, der erste Stein gelegt mit der In- schrift: IN NOMINE PATRIS ET FILII ET SPIR. S. F. REXIT IACOBVS IIVNC LAPIDEM IN TVMVLVM. Gar schön stimmte diese Inschrift mit dem Namen und der Handlung des

---

[1] In des Kapitels Gegenschrift, fol. 85 (siehe Acta ad Fabr. fol 36 et 132) wird gesagt: Der Thurm ist des Stiftes Eigen und hat der Rath niemals ein Recht daran gehabt. Der Grund und Boden, worauf derselbe erbant wurde, ist ex Fabrica um 100 Pfd. erkauft und hatte an dem Ort, wo der Pfarrthurm, Kreuzgänge 2c. 2c. zuvor der Stadt Fr. Rathhaus, Schreiberey und andere gemeiner Stadt zugehörige Gebäu und Häußer gestanden, welche aber durch großen unlöschlichen Brand im Jahre 1349 abkommen waren; auch seind zum Theil daselbst herum öffentliche Gassen gewesen, welche Plätze und Gassen nach der Hand zum Thurm oder andern Gebäuden angewendet worden. Imo mimirum ipsum fundamentum, videlicet domum senato- riam sive curiam emit Fabrica pro 100 liberis Hall. a senatu, videlicet ubi nunc sunt die Glockenstränge et circa turrim planities. Ex registris Fabricae et libro Privileg. S. Barthol. — Secundum Joan. Latomum.
In der Beschreibung der Straßen des alten Rathhauses und Lib. censuum capituli S. B. steht: Anno Domini MoCCCCXIIII uff Dornstag — vnd den hau sie zwei hundert punth bezalt mit barme gelde vnd vor hundert punth loßen abesin deme rabe die ezinse vnd gulte, die sie hotten uf deme alten radthuse, etzlichen mye Husen vnd gutern vnd der radt hait gegont dem gemelten Hern zu Sant bartholomäus vmme hundert punth wilber soviel gulte vnd czinße zu keuffen in Frangfurt.

[2] vid. Albr. Crantzig lib. 8. cap. 8. fol. 516. Metrol. — Florian pag. 261. Müller in 8. S. 56.
Anno 1415 den 6. Juny 12 Uhr ist an der zweien alten vom Feuer ver- derbten Thürmen statt ein neuer Thurm zu bauen angefangen und der erste Stein gelegt worden. Damahlen sind zwei steinerne Särge gefunden und vermauert worden. Ex mpt. Kühl.

Dechants überein. Das Kapitel legte 3 fl. auf den Stein, und eben so viel auch der Rath, von welchem der Werkmeister Matern Gertener, Steinmetz 2 fl. erhielt, und die übrigen 4 fl. die Maurer= und Steinmetzen=Gesellen unter sich vertheilten. Diese Handlung geschah mit vieler Feierlichkeit, welcher mehrere von der Geistlichkeit, dem Rathe, und eine Menge noch anderer Personen beiwohnten [1].

Damit aber dieses Ereigniß bei der Nachwelt im Andenken möchte rhalten werden, wurde im Kreuzgange neben der Thurmthüre [2] Eingangs linter Hand über dem Gemälde von Adam und Eva eine kleine von Messing gegossene Tafel eingemauert mit der Schrift: ANNO DOMINI. MCCCCXV. DIE CRASTINA STI BONIFACII EPISCOPI POSITVS EST PRIMVS LAPIS HVIVS OPERIS. Die Nachwelt sah dieses alte Denkmal im Jahr 1792 zum letztenmal, denn es wurde zur Zeit der Belagerung von Mainz, als sich ein militärisches Magazin im Kreuzgange befand, mit der größten Gewalt aus der Mauer gerissen, und kam aller angewendeten Versuche nie wieder zum Vorschein. Auch stand auf der andern Seite rechts unter dem Gemälde vom jüngsten Gerichte die nämliche, doch etwas geänderte Schrift geschrieben [3].

---

[1] In wohlbeglaubten Registern und Büchern des Stifts wird folgendes gefunden, namentlich in den Actis ad Fabr. fol. 134. lat. 2: In anno 1415 die 6 mensis Juny hora duodecima vel quassi, buna existente in Geminis, positum esse primum lapidem turris ecclesiae S. Barthol. Francf. per Dominos Jacob Hyrdan Decanum, M. Nycolaum Gerstungen Custodem, Joannem Eck, Canonicum ecclesiae praefata, Gyrberdum Glauburg, Henricum Holtzhausen, Scabinos et Cuntz Weyssen praesentibus pluribus Vicariis ecclesiae et Consulibus et multitudine hominum copiosa.

[2] Im Eingang aus dem Kreuzgang unter dem Glockenthurm über dem Heissenstein, darauff eine Haubtreue gehauen und worauf man die junge Ehelent mit dem Segen und Wasser (geweiheten) empfangen uff der linken Seite vor der Thür des Thurmes in einem gemahlten Apfelbaum, dabei Adam und Eva stehen und beigefügt: und ist zu vermuthen, „daß gerade darunter der erste Stein im Grund gelegt wurde. Ex Mpt. Kühl.

[3] Anno 1480 post Dominic Judica Domini de capitulo unacum personis deputatis ex Consulatu concluserunt disceptionem jaim diu ventilatam do perficiendo turri usque ad clausuram supremi testitudinis et pro hoc opere ad implendo adjunxerunt alios duos Magistros Fabricae duobus prioribus juxta instrumenta desuper conferta &c. Uff Freitag nach Oculi anno LXXXIIII haben das Kapitel und Rathsfreunde Hans von Ingelnhau uffgenommen zum Werkmeister umb ₰ fl. jairlones zu synen tageloueu und hat gesworen dem Buwe eyn geburlichen eydt. Mpt. Sub. rubr. von Glocken und Uhren. S. Signo: ▽. Weitere

1441 war es mit dem Bau so weit gekommen, daß das unterste Gewölbe über dem Glockenhause (dem Carlsboden) fertig war, und ein Wächterhäuschen darauf gesetzt wurde, welches so lange stehen blieb, bis das obere Wächterhaus (des Thürmers Wohnung) vollendet war. Man siehet über dem Carlsboden neben in der Mauer noch die Vertiefungen, welche von dem Abbruche des Wächterhäuschens zurückgeblieben sind. Bald nach dem Jahre 1441 war im Bauen, wie es scheint, eine lange Pause eingetreten, weil man bis zum Jahre 1482 keine weiteren Nachrichten findet, als daß damals ein 36 Klafter langes Seil, welches 6 ß. (15 kr.) kostete, an den Thurm gemacht wurde, damit der Thürmer sein Essen und die übrigen Bedürfnisse daran hinauf ziehen konnte.

Nach dem Berichte der Annalen von Frankfurt hat der Thurm von 1414, wo das Rathhaus gekauft wurde, bis auf Oculi 1483 ohne die Mauersteine 23,200 fl. gekostet[1]). Man sah sich damals genöthiget, mit dem Bauen einzuhalten, weil kein Geld mehr vorhanden war, und der Bau wurde 1484 nach Michaelis nur in soweit wieder fortgesetzt, daß der Thurm mit einem Schindeldache gedeckt wurde. Diese Bedachung des Thurmes wird Jeden überzeugen, daß man damals nicht Willens war, sich so bald mit seinem Baue wieder abzugeben. Um diese Zeit wurde in Vorschlag gebracht, einige zum Marienbilde gehörige und entbehrliche Kleinode zu verkaufen, und einen Opferstock in der Nähe des Kalvarienberges (Oelbergs) zu setzen. Auch wurde beschlossen, die ablößige Gülte, welche von einer Frau, Namens Clara, dem Baue vermacht war, um 28 fl. zu verkaufen.

Weil wegen Krieg und Mißwachs, wie alle archivalische Nachrichten sagen, die Almosen zum Thurmbaue sehr sparsam fielen, und die Fabrik mit so vielen Schulden beladen war, daß man sich gezwungen sah, mit dem Bauen einzuhalten, so berathschlagten sich das Kapitel und der Rath über die weiteren Mittel, den Thurmbau fortzusetzen und die Schulden des Kirchenbaues zu tilgen. Dechant und Kapitel beschlossen, durch den Pfarrer (Pleban oder Unterpfarrer) und die Kapläne die Leute in der Predigt und in der Beichte zur Beisteuer zu ermahnen, und der Rath versprach, das Volk durch die Seinigen in Testamenten dazu anzuhalten.

Nachrichten sind enthalten in einer alten Fabrik-Rechnung über 1483 angefangenen Thurmbau. Lat. Z. III, 29 (in Elench 872) und zum Jahr 1488 ibid. 58 (in Elench 375) überhaupt aber den Thurmbau betreffend. Lat. Z. III. 12. 3. 4. 5. 6. 8. 9. 10. 47. in Elench. 368 et seqq.)

[1]) Siehe Lersner II. 22, wo 332,000 fl. als irrig oder Druckfehler erscheinen.

Und damit Jedermann zum Geben geneigter werden möchte, wollen sie von wegen des Baues einen neuen Ablaß erlangen, und verkündigen lassen. Damit auch zum andern die Kirche nach Nothdurft im Baue und Besserung erhalten werden könnte, sollten die Kirchenbaumeister bei jedesmaliger Eröffnung des Kirchenstocks das darin gefundene Geld in gleiche Theile theilen und den einen Theil zur Bezahlung der Schulden, oder zum Baue des Thurms, und den andern Theil zur Verbesserung und Erhaltung der Kirche und der Glocken verwenden, und sollte am Ende des Jahres davon noch etwas übrig bleiben, solches auch dem Thurmbaue zufließen zu lassen. Damals haben sich auch Kapitel und Rath dahin verstanden, daß nach dem Schlusse des über den obersten Fenstern befindlichen Gewölbes ein Theil desselben dem Rathe zu seinen Glocken, und zweien Theile darunter den Kirchenglocken zugetheilt werden sollten. Der Rath sollte seine Glocken und das Wachthaus darüber (wo der Thürmer wohnt) verschließen, und nach aller Nothdurft gebrauchen; jedoch ohne Schaden und Beschwerung des Thurms, des Baues der (Fabrik) und der Kirchenglocken. Auch daß solches, wie vorher gemeldet, künftig Dechant und Kapitel zum Abbruche ihres Stifts Gerechtigkeit nicht vorgeworfen werde.

1490[1]) post festum Assumpt. Mariae (im August) suchten die Rathsfreunde im Kapitel um die Fortsetzung des Thurmbaues an. Das Kapitel verlangte, der Rath sollte dem Baue (der Fabrik) zu der alten Schuld der 400 fl. noch fl. 300 leihen; da aber derselbe in sein Begehren nicht einwilligte, so wurde auch der Bau nicht fortgesetzt, und das Thurmgerüst blieb stehen und ging zu Grunde. 1493, Freitag nach Ostern, vermachten Weiter Frosch und Gudchen (Gudula), Stephan von Kronstätt zum Pfarrthurmbaue 30 fl. 1503 in die Agathae (5. Febr.) haben auf Vorschlag des Raths das Kapitel 100 fl., der Pfarrer 100 fl. und der Rath 200 fl. der Fabrik zur Fortsetzung des Thurmbaues zu leihen zugesagt. 1506 Fer. 5. post Purif. Mariae, als die stiftischen Fabrikmeister in der Kapitelstube in Gegenwart der magistratischen Fabrikmeister ihren Eid ablegten, wurde vorgebracht, daß der längere Verzug des Thurmbaues dem Thurme zum Schaden gereichen würde; man sollte also die Testamentare einiger Verlassenschaften oder Stiftungen veranlassen, dem Kirchenbaue etwas Geld vorzustrecken, welches aus des Baues Gefällen im folgenden Jahre zurückbezahlt werden sollte. Demnach wurden aus dem Testamentare der Katharina von Heringen 100 fl. bewilligt, um Steine dafür zu kaufen,

---

[1]) Lersner II. 21.

worüber von den Baumeistern ein Schuldbrief ausgefertigt wurde. Auch wurde damals der Schluß gefaßt, daß von den Baumeistern der Pfarr= kirche von Kapitels und Raths wegen alle Schulden, alte und neue, in eine Verschreibung sollten gebracht werden. Ferner wurde in Erwägung gezogen, wie nothwendig es sei, daß der Rath etwas Geld zum Thurm= baue leihe, worauf derselbe Fer. 5 post Judica 2000 fl. als ein An= lehen bewilligte.

1508 Fer. 5. post Remigii wurde den Baumeistern aufgetragen, mit den Zimmerleuten über den Abbruch des alten Gerüstes auf dem Pfarrthurme zu handeln, wie auch fremde Handwerksleute hierher kommen zu lassen, um eine Besichtigung des Werkes, wie es gemacht sei, vorzu= nehmen. Tertia post Galli (October) wurde dem Kapitel durch die Rathsfreunde angezeigt, daß der Rath gegen eine Verschreibung abermal 600 fl. leihen wolle, um den Thurm bis zum Gang und dem Gewölbe fertig zu bringen [1]). 1509 wurde das Wachthaus, oder das Gewölbe, worunter sich des Thürmers Wohnung befindet, 24 Schuh hoch von dem innern Gewölbe des Thurmes gebauet; aber noch nicht vollendet. Die Kosten betrugen, wie sie eine alte Handschrift angiebt, über 1824 fl. Diese Angabe stimmt aber mit der unten beim Jahr 1521 mitgetheilten Nach= richt nicht wohl überein. 1511 Fer. 5. post Omnium S. S. (Nov.) stellten die Baumeister des Pfarrthurms vor, daß der Thurm mit 104 Stück Stein zum Schluß könnte gebracht werden, wenn sie das erforder= liche Geld hätten. Hierauf wurde ihnen geantwortet, sie sollten nach Ge= legenheit handeln und die Steine zu hauen verdingen. Weil aber kein Geld vorhanden war, fand man für gut, Gelder für einen Umgang in der Stadt sammeln zu lassen. Nachdem nun entweder noch in diesem oder dem folgenden Jahre das Gewölb über der Wohnung des Thürmers vollendet war, setzte man mit dem Baue abermals aus, und erst nach wieder erhaltenem Geld sollte die letzte Hand an das Werk gelegt und dem Pfarrthurme seine Krone aufgesetzt werden. Ehe aber dies geschah, entstand Luthers Reformation, welche die unseligsten Folgen für Deutsch= land hervorbrachte. Seine Brüder, nun im Glauben getrennt, empörte sich einer gegen den andern, und Morden und Verheerungen der Länder

---

[1]) Laut Stdtrchg. 'do 1510. Jt. 1261 Pfd. hat der Rath zu dem Wachthauß des Pfarrthorms uß eiliger Bewegniß furgestrecket und verbauet, die sie gemeyner Stadt zu gut demselben Baue gänzlich gegeben haben wollen, doch hiemit dem Rathe fürbehalten, der 4000 fl. und 16 fl. 8 J. geliehenes Geltes, so sie hiervor zu dem Buwe des Thormes geliehen gehabt haben, die Zalung mit der Zeit von dem Buwe zu gewarten. —

kamen an die Tages-Ordnung. Deutschlands Kraft wurde durch die lang anhaltenden innern Kriege sehr geschwächt, welche Schwäche seine Feinde, die Franzosen, durch Wegnahme ansehnlicher Länder zu benutzen wußten. Bei einer so traurigen Lage war an die Fortsetzung des Thurmes nicht mehr zu denken, und das Riesengebäude, womit man 96 Jahre zugebracht hatte, blieb bis auf den heutigen Tag unvollendet stehen. Es sollte noch einen Aufsatz von 24, oder wie andere behaupten, von 39 Schuh erhalten, und wäre dieser noch zu Stande gebracht worden, so glänzte nun das vergoldete Bildniß des Welterlösers über demselben, und eine gothische Thurmspitze mit dem Kreuze würde den Schluß machen. Die ohngefähr 4 oder 5 Schuh hohe Zeichnung des Thurms, wie er werden sollte, wird noch im Archiv aufbewahrt. Hüsgen hat in seinem artistischen Magazin S. 524 einen Abdruck davon geliefert, der aber auf die Schönheit des Originals kaum einen Anspruch machen kann.

Nach dem Berichte der Annalen von Frankfurt erhob sich 1521 zwischen den Geistlichen und dem Rathe eine Streitigkeit, weil das steinerne Wachthaus (des Thürmers Wohnung) nicht über 100 fl. kosten sollte, die Kosten aber sich doch über 1000 fl. beliefen. Die Geistlichen weigerten sich, so vieles Geld aus der Fabrik zu bezahlen, und beide Theile trugen ihre Klage dem Erzbischof zu Mainz vor. Was darauf erfolgte, ist mir unbekannt. Ich würde vielleicht noch mehrere Nachrichten von dem Pfarrthurme haben mittheilen können, wenn mir nicht der Zutritt zum Archive durch die Aufhebung des Stifts wäre unmöglich gemacht worden. Aus den Bauregistern ist übrigens noch zu bemerken, daß die am Pfarrthurme befindlichen Quatersteine in der Gegend von Koblenz sind gebrochen, und zu Wasser hierher gebracht worden. Man zählt von unten bis zur Wohnung des Thürmers 322 [1]) Treppen, und weiter hinauf noch 18.

B. Der Pfarrthurm ist kein Eigenthum der Stadt, wie von Vielen irrig geglaubt wird, und was sich mit der Kirche und demselben bis zum Westphälischen Frieden zugetragen hat.

I.

Viele von den hiesigen Einwohnern hegen die irrige Meinung, der Pfarrthurm gehöre der Stadt, weil sie ihre Glocken darin hängen hat, und den Thürmer darauf setzt; aber die Geschichte der Glocken wird lehren,

---

[1]) Nämlich in der ersten Stufen der alten Schnecken 85, der alten Mittel-Schnecken 102, der obersten Schnecken 135, also zusammen 322 Tritt oder Treppen. Ex mpt. Kühl.

daß dieselben der Kirche und dem Stifte keinen Nachtheil bringen können, und mit dem Thürmer hat es die nämliche Beschaffenheit, wie in Mainz und andern Städten, wo die Stifts= und Pfarrkirchen sich mußten gefallen lassen, für's allgemeine Beste und zu ihrer selbst eigenen Sicherheit ihre Thürme mit Wächtern besetzen zu lassen, ohne daß dadurch ihr Eigenthum gekränkt wurde. Der Pfarrthurm wurde auf einem von der Fabrik erkauften Platz erbaut, er ist demnach eine Angehörde der Kirche und er gehörte folglich auch wie diese dem Stifte als Oberpfarrer. König Ludwig der Jüngere versetzte die von seinem Vater Ludwig dem Deutschen gestifteten Chorherren aus der Marienkirche in die neu erbaute Salvatorskirche, an deren Stelle nun die Bartholomäuskirche steht, und übergab ihnen nach dem Willen seines Vaters die Kirche samt der damit verbundenen Pfarrei für alle künftigen Zeiten. Die Kirche war demnach eine Capella regia, und daher geschah es, daß die Könige und Kaiser das Stift und die Kirche in vorzüglichen Schutz nahmen, und daß Ludwig der Jüngere, Karl der Dicke, die Ottonen und noch andere die Kirche in ihren Urkunden Capellam nostram (unsere Kirche) nannten. Nach der Aufhebung des gemeinschaftlichen Lebens wurde ein besonderer Fond (die Fabrik) zum Unterhalte der Kirche errichtet, worüber das Kapitel jederzeit die Verwaltung führte, indem es die vorräthige Gelder in seinem Archiv aufbewahrte, und über Einnahme und Ausgabe die Rechnung stellte. Während des Kirchen= und Thurmbaues lieh der Rath dem Stifte mehrmal Geld, und die Fabrik mußte Bürge für das Kapital sein. Der Rath schickte einige seiner Mitglieder an das Kapitel und ließ um die Fortsetzung des Thurmbaues ansuchen, die aber erst nach einigen Jahren erfolgte. Was ich bisher gesagt habe, ist eine kurze Wiederholung der vorigen Geschichte, und diese gibt hinlänglich zu erkennen, daß in älteren Zeiten das Stift als Oberpfarrer allein Herr über die Kirche und ihren Fond gewesen ist. Aber kaum hatte Luthers Reformation in Frankfurt Wurzel gefaßt, so nahm schon im Jahre 1525 der Rath das Schiff oder Langhaus der Kirche mit Gewalt hinweg, und führte den lutherischen Gottesdienst darin ein. Das Stift mußte sich nun mit dem Chore allein behelfen, bis der Rath den Geistlichen im Jahre 1533 am 23. April die Messe untersagte und ihnen auch den Chor wegnahm. Von dieser Zeit an blieb der Rath 15 Jahre lang im Besitze der ganzen Kirche, bis er auf höchsten Kaiserlichen Befehl und durch scharfe Drohungen die beiden Messen zu verlieren geschreckt, die Kirche im Jahre 1548 am 14. October (in die Callixti) wieder zurückgab. Er sollte nun die Kirchhofmauer, welche 1636 niedergerissen wurde, wieder aufbauen, und Steine und Sand waren auch wirklich schon beigeführt, als unterdessen der Rath mit dem

Kurfürsten Daniel von Mainz, um einen Theil des Kirchhofs zu erhalten, in eine Unterhandlung trat. Er stellte demselben vor, daß sich die Messe immer weiter ausdehne, und daß deswegen einige offene Plätze in der Gegend nothwendig seien. Er habe deswegen auch schon den Löherhof (oder dem Rosened) gekauft und ihn abbrechen lassen, und da die Zahl der Katholiken anjetzo sehr gering sei, so könnten sie wohl eines so großen Kirchhofs entbehren. Der Kurfürst forderte für die abzutretenden Plätze 1000 fl., aber diese schienen dem Rathe zuviel zu sein, und die Unterhandlung wurde abgebrochen. Indessen blieb der Kirchhof in seinem üblen Zustande der Verwüstung liegen, und das Stift mußte mancherlei Drangsalen über sich ergehen lassen, daß sogar die Metzger ihr Vieh durch die Kirche schleiften. Das Stift sah sich dadurch genöthigt, seine Klagen an den Kaiserlichen Hof gelangen zu lassen, und zur schleunigen Abhülfe der Bedrückungen um eine kaiserliche Commission zu bitten. Der Kurfürst von Mainz und der Landgraf von Hessen-Darmstadt wurden hierauf als Commissarii ernannt, und 1570 wurde zu Mainz in der Domherrnstube (Kapitelstube) die erste Session gehalten, vor welcher beide Theile erschienen und ihre Klagen mündlich und schriftlich vortrugen. In Betreff des Kirchhofs kam man darin überein, daß ein Theil davon an die Stadt abgetreten wurde, aus welchem nachmals der Garküchenplatz und der Wechmarkt entstanden. Der Rath, welcher den Platz anfänglich nicht für 1000 fl. nehmen wollte, mußte nun die 6000 fl. dafür schwinden lassen, die er, wie er selbst in seiner Klagschrift eingestehet, dem Stifte zum Thurmbaue geliehen hatte.

Der schwerste Punkt betraf die Kirche. Der Rath machte Anspruch auf dieselbe, und suchte gegen das Stift zu behaupten, daß sie nie eine Capella regia gewesen sei. Er und die Stadt habe sie erbauet, und es müßte ihm schwer fallen, die Hauptkirche zu entbehren. Daß die Kirche anfänglich eine Capella regia gewesen, ist aus den vorher angezogenen Urkunden und vorzüglich aus der Geschichte der Salvatorskirche zu ersehen, und wenn der Rath Gelder zum Kirchenbau lieh, so konnte er deswegen noch nicht sagen, er habe die Kirche erbaut, und die von der Bürgerschaft durch Vermächtnisse, Schenkungen und sonst freiwillige Beiträge der Kirche erwiesene Wohlthaten waren nicht geeignet, dem Rathe ein Recht zum Eigenthum zu verschaffen.

Nach der Aeußerung des Raths mußte ihm die Entbehrung der Hauptkirche freilich schwer fallen, aber noch schwerer würde sie dem Stifte als Oberpfarrer und seiner Pfarrgemeinde gefallen sein. Der Rath war nicht einzig in solchem Falle. Die Magistrate zu Speyer und Worms, wo ein gleiches Verhältniß wie hier zwischen Katholiken und Protestanten

Statt hatte, waren ja auch im nämlichen Falle, ihre Hauptkirchen entbehren zu müssen. Da man indessen über den schweren Punkt, wo es um das Eigenthum der Kirche und sonderlich des Thurms zu thun war, sich nicht vereinigen konnte, so blieb derselbe unentschieden, und wurde an das höchste Reichsgericht zu Wien zur richterlichen Entscheidung verwiesen. Dieses waren die Resultate der letzten Sitzung, welche hier im Gasthause zum Krachbein (nachmals König von England in der Fahrgasse) gehalten wurde. Ehe aber die richterliche Entscheidung erfolgte, fielen die Schweden zu Gunsten der Protestanten in Deutschland ein, und die Kirche war für das Stift abermal verloren; indem sie die Schweden im Jahre 1632 dem Rathe übergaben, und derselbe den lutherischen Gottesdienst von neuem darin einführte, der aber nur eine kurze Zeit währte, weil 1635 das Stift, welches indessen nach Köln gewandert war, und daselbst den Peter Schick zum Dechant gewählt hatte, nun nach Frankfurt zurückkehrte, und am 4. November wieder Besitz von seiner Kirche nahm. 1648 wurde der westphälische Frieden geschlossen, welcher allen zwischen Katholiken und Protestanten über das Eigenthum der Kirchen und geistlichen Güter obwaltenden Streitigkeiten plötzlich ein Ende machte. Er bestimmte, daß der 1. Januar 1624 künftig zur Richtschnur dienen sollte, um über die streitigen Angelegenheiten zu entscheiden. Wer also am bestimmten Tage im Besitz war, sollte darin bleiben, und wer später aus seinem Besitzstande vertrieben wurde, sollte wieder restituirt werden. Zugleich wurden, um die Ruhe für Deutschland künftig zu sichern, alle Prozesse aufgehoben, als wenn sie nie Statt gehabt hätten, und auch das nun entschiedene Eigenthum sollte auf keine Weise mehr in rechtliche Ansprüche können genommen werden.

Hierauf mußten oft Katholiken den Protestanten, und diese jenen die abgenommenen Kirchen und Güter wieder zurückgeben. Das Jahr 1624, welches Annus normalis oder decretorius, und sonst das Entscheidungsjahr pflegt genannt zu werden, war demnach für unsere Kirche äußerst wichtig, indem es den Besitz derselben dem Stifte als Oberpfarrer und der katholischen Gemeinde für immer zusicherte, und dem Rathe jede Gelegenheit benommen, seine vorigen Ansprüche wieder geltend zu machen. Das Stift erhält sich auch nach dem Westphälischen Frieden bis zu seiner Auflösung bei dem Eigenthum der Kirche und des Thurms, und obschon das Eigenthum der Kirche und des Thurms dem Stifte durch den Westphälischen Frieden für immer zugesichert war, so wurden doch nachher noch manche nachtheilige Versuche, sonderlich gegen das Eigenthum des Thurmes gemacht. Wie das Stift sich jedesmal dabei benahm, und wie es sein Eigenthum durch die Fortsetzung der Gaben und Reparaturen bis zu seiner völligen Auflösung im Jahre 1802 behauptete, darüber werden folgende Nachrichten den hinlänglichen Beweis geben.

1704 zwischen dem 29. September und dem 8. October wurde der unterste Gang am Pfarrthurm in der Gegend nach dem Pfarreisen mit einem neuen steinernen Geländer, weil das alte banfällig war, auf Kosten der Fabrik versehen. 1705 im Juli wurde auch das untere Geländer auf der Seite nach dem Metzgerthore neu gemacht. 1710 den 4. Sept. fing man an, das Geländer an dem obern Gang des Pfarrthurms aus= zubessern, und wurden 14 Stück neue Steine eingesetzt; die Arbeit war gegen den 24. Sept. vollendet.

1717 im Juli wurde eine große steinerne Sonnenuhr mit dem Adler in der Mitte und mit Farben angestrichen, ohne Vorwissen des Kapitels in den Kreuzgang gebracht, um sie auf dem Thurm aufzuhenken. Das Stift ließ sogleich durch den Vicarius Drayser seine Beschwerde bei dem ältern Herrn Bürgermeister darüber anbringen, und zugleich erklären, daß das Eigenthum des Thurms dem Kapitel und nicht dem Rathe zustehe; mithin derselbe auch sein Wappen nicht dahin hängen könne. Der Bürger- meister entschuldigte sich, daß weder er, weder der Rath etwas davon wisse. Er wollte sich befragen, und die Antwort wissen lassen. Diese war, man sollte den Stein liegen lassen. Was das Eigenthum des Thurms anbelangte, darüber wollte man auf dem Archive nachsehen. In= dessen wurde der Stein durch Rathsverordnete heimlich wieder weggeschafft (Ex Protocoll). Man sah in dem Archiv nach, und ließ es bei der Erklärung des Stifs ohne Widerspruch bewenden, wodurch der Rath still= schweigend dem Stifte das Eigenthum am Thurme zugestand. 1741 ließ das Stift gegen eine Unternehmung des Bauamts in Betreff des Thurms feierlich protestiren, wie das in Lat. Z. III. 59 (in Elenchus 375) liegende Notariatsinstrument bezeugt; 1765 ließ das Stift eine baufällige Pira= mide des Thurms abheben, und eine neue an ihre Stelle setzen. Die Kosten betrugen bei fl. 1800; daß dieselben aus der Fabrik bestritten wurden, zeigt nicht allein die Fabrikrechnung, sondern auch die auf der Piramide stehende Inschrift. 1766 wollte das Bauamt einige Steine von der Piramiden abnehmen, unter dem Vorwande, sie könnten auf die benachbarten Häuser fallen, und hatte auch wirklich schon Bauholz zum Gerüste beifahren lassen, aber das Kapitel ließ die Thürme verschließen, und am 5. August eine Protestation an den Magistrat gelangen. Ein hiesiger Dominikaner, P. Jaquin, sagt in seiner Klosterchronik S. 229, das Bau= amt habe hierauf mit Schimpf abstehen müssen, und das Bauholz sei wieder abgeführt worden; indem der Magistrat in seinem Archive den in den 15hundert und 90er Jahren errichteten Vertrag aufgeschlagen, und sich keines Wegs dazu berechtigt gefunden habe. 1791 im Januar fiel ein großes Stück Stein von einer Piramide herab. Nach vorgenommener Besichtigung der Fabrikmeister wurde im Juli auf Kosten der Fabrik ein Gerüst um die Piramide gemacht, und die Spitze mit noch mehreren herum gestandenen Steinen abgehoben.

Aus den bisher mitgetheilten Nachrichten liegt offenbar am Tage, daß der Rath von diesen Zeiten an keinen Antheil an dem Eigenthum der Kirche und des Thurms gehabt. Er erkannte gar wohl, daß dasselbe dem Stifte ganz allein zustand. Er, indem er ihm mehreremale Gelder zum Fortsetzen des Thurmbaues liehe, ja in seiner der kaiserlichen Commission 1570 überreichten Klagschrift selbst eingestand, daß er dem Stifte 6000 fl. zum Kirchenbaue geliehen, und sie nicht wieder erhalten habe. Ein Haus, worauf Geld zum Bauen geliehen ward, kann doch kein Eigenthum desjenigen sein, welcher das Geld darauf leiht; auch erkannte der Magistrat das stiftische Eigenthum dadurch an, daß er im Jahr 1490 seine Rathsfreunde an das Kapitel schickte, und um die Fortsetzung des Thurmes ansuchen ließ. So beweist es auch der zwischen dem Kapitel und dem Rath geschlossene Vertrag in Betreff seiner Glocken, daß dieselben nicht anders als durch eine bloße Vergünstigung des Kapitels darin aufgenommen wurden; „doch ohne Schaden und Beschwerung des Thurms, der Fabrik und der Kirchenglocken, und daß solches künftig dem Dechant und Kapitel zum Abbruche ihrer Stifts-Gerechtigkeit nie vorgeworfen werden sollte.“ Hätte der Rath ein Recht zum Thurme gehabt, so würde er sich einen solchen Vertrag gewiß nicht haben gefallen lassen. Erst nach entstandener Reformation begannen die Streitigkeiten über das Eigenthum der Kirche und des Thurms. Wie es darüber zugegangen, ist vorher gesagt worden. Der westphälische Frieden bestätigte dem Stifte sein Eigenthum, und sicherte dasselbe für die künftigen Zeiten. Obschon der Rath nachher noch manche nachtheilige Versuche wagte, so konnte er doch zu seinem Zwecke nicht gelangen, indem sich das Stift durch die Fortsetzung der Gebäulichkeiten immer im Besitz des Eigenthums der Kirche und des Thurms erhielt. Aus der Fabrik wurde die Wohnung des Thürmers, so oft es nöthig war, geweißt, und sogar die Schlösser an den Thüren auf Kosten der Fabrik reparirt. Auch das große Seil auswendig am Thurme zum Dienste des Thürmers wurde von der Fabrik angeschafft und unterhalten. So war es bis zur Aufhebung des Stifts im Jahr 1802, wie die von den magistratischen Fabrikmeistern anerkannten und von ihnen unterschriebenen Rechnungen sammt ihren Anlagen bezeugen[1]).

---

[1]) Ad annum 1587 d. 20. July ist das obere Gebäu des Pfarrthurms, in welchem das Gemperlin hänget, von den Bauherrn ausgebessert worden. · Ex

II.

Von dem Chorthürmchen und seiner Glocke.

Ohne Zweifel wurde zur nämlichen Zeit, als der Chor erbaut wurde, auch schon ein Thürmchen auf das Chordach gesetzt, weil eine Glocke, mit der man der Gemeinde jedesmal das Zeichen zur Messe gab, ganz unentbehrlich war. Es sagt zwar die Lersnersche Chronik: „Es sei im Jahre 1516 ein Glöcklein auf das Chordach Sanct Bartholomaei gebauet worden" und man könnte hieraus folgern, daß vorher noch kein Thürmchen auf dem Chordache gewesen sei, allein zwei Notariats-Instrumente von 1476 und 1502 bezeugen das Gegentheil. Diese beschreiben genau, was sich bei der Besitznahme von zweien Pfründen zugetragen hat, und bemerken darüber, daß die neuen Chorherren zuletzt zu dem im Chore herabhängenden Seile geführt wurden, um dreimal mit den Glocken ein Zeichen zu geben. Es kann also die Stelle des Herrn von Lersner nicht anders verstanden werden, als daß 1516 ein neues Meßglöckchen sei aufgehängt worden, weil das alte schadhaft geworden war. 1780 zersprang die Glocke während dem Läuten zur Landes-Messe. Das Kapitel übertrug mir als Fabrikmeister für eine neue Glocke zu sorgen. Schneidewind auf dem Zimmergraben goß die neue. Ihre Weihe wurde auf vorher von

---

mpt. Kühl. Anno 1741 ließ auch zu Ende des Jahres das Stift einen neuen kupfernen Regenfarg auf den Thurm beim Pfarrthürmer setzen (laut Fabrik-Rechnung). — Turres in foribus ecclesiarum (decit Harduinus inter oppera vicia pag. 648.) exsturtas fuisse arbitramur, ut majoris campanas continerent. Majores antem campanae nullae videntur fuisse ante Saeculum XIII (NB. falsum, ut patet ex vita Caroli M. apud Monachum Sangallensam). In Nummis Caroli, Ludovici ac Lotharii inscriptis: Xpiana religio, templum pingitur sed cum aedis fronte sola sine turribus, ut fere in nummis Imperator. ethnicorum. Sic in nummis aliis sub iisdem Principibus nullum ex aetate vidimus templum in nummo pictum cum turribus.

Das Wahrzeichen für Fremde auf dem Pfarrthurm ist ein Hündlein, so an einem Bein naget, in Stein sehr artig gehauen, an dem Obergehäuß der einen Thür off dem obersten Gang über dem linken Gewandstück. Ex mpt. Kühl.

Der Verfasser vermuthet, daß in Betreff des Rathsthürmchens es durch eine besondere Uebereinkunft geschah, daß anstatt des hiesigen Stadtwappens, des einfachen weißen Adlers, das deutsche Reichswappen, der einfache schwarze Adler, wie er in der Kirche am hohen Gewölbe erscheint, an jeden Posten des Thurmes gemalt worden. —

dem Weihbischof Heines erhaltene Erlaubniß von dem Dechant Barth im Chore vorgenommen, und er legte ihr seinen Namen Christian bei, es währte aber nur wenige Jahre, so hatte sie das nämliche Schicksal wie die vorige. Die Administration ließ hierauf die Glocke der Karmeliter= kirche in das Thürmchen hängen, und da diese auch von keiner langen Dauer war, so kam zuletzt die Kapuzinerglocke an ihre Stelle.

C. Von dem Primthürmchen vor dem Chore und seinen Glocken.

Es ist zu vermuthen, daß mit dem Schlusse des Dachwerkes zwischen den beiden Flügeln zugleich auch das Thürmchen erbauet wurde, worin die zwei Glocken hingen, mit welchen man täglich zum Chor=Gottesdienst läutete; denn aus einem rothen auf Pergament geschriebenen Buche ist ersichtlich, daß die Primglocke 1399 schon an diesem Orte aufgehangen war. Das ältere Thürmchen bestand aus zwei Abtheilungen, in welchem zwei Glocken übereinander hingen, die eine hieß Primum Signum (oder die Primglocke), weil mit ihr das erste Zeichen zum Chor gegeben wurde, und mit ihr hat auch das Thürmchen seinen Namen erhalten. Die andere wurde Secundum Signum, das zweite Zeichen, oder die Secund genannt. Sie folgte im Läuten nach der Primglocke und sobald sie aufhörte, nahm der Chor seinen Anfang. Es ist merkwürdig, daß der Rath in älteren Zeiten seine Sitzungen einzig nach dem Läuten dieser Glocken richtete, denn in einem seiner Statute von 1352 wurde verordnet: „wellche teil auch Gerichte sullen halten, die sullen da sein, wanne man prime gelubit" bei Strafe eines Turnoß.

Ferner wird daselbst gesagt: „Auch sullen der Rat alle Dunerstage uff das Hus gen unn sullen geryngelingen busse (darauf) sin, wanne man die anderen Glocken zu prime hat vyrlezhen", wer mit der Glocken kam, wie das Statut weiter meldet, erhielt die Praesenz, wer nach ihr kam, verlohr dieselbe, mußte aber doch auf der Stube bleiben oder er mußte auf den folgenden Donnerstag 1 Pfd. Heller Strafe erlegen [1]). Nach einer neuen Verordnung von 1363 Fer. V. ante Thomae war man dahin übereingekommen, daß die Herren, welche zum Rathe gehören, und in der Stadt sind, alle Donnerstage, sobald als man die andere Glocke nach der Prim=Glocken verläßt, auf dem Rathhause sein sollte, es sehe hell oder nicht [2]). Der Rath konnte sich damals gar wohl nach dem Ge= läute dieser Glocke richten, weil zu selbiger Zeit das Rathhaus noch nicht

---

[1]) Senckenberg, Selecta juris et histor. T. I. p. 2.
[2]) l. c. p. 73.

bei der Kirche stand. Indessen gab die alte Verfassung dem Rathe die Gelegenheit, daß er sich im Jahre 1524 der Primglocke bemächtigte. Er ließ eine Glocke gießen mit der Aufschrift: Simon ꝛc., ließ sie heimlich auf die Kirche bringen und ohne Verwissen des Kapitels in dem Thürmchen aufhängen, nachdem vorher die Primglocke herabgenommen war. Auf dieser alten Glocke stand die Aufschrift: HOC TINPANI. M FVSVM DIVINI CVLTVS AD VSVM.

D. Von dem Uhrthürmchen beim Pfarreisen.

Dieses Thürmchen stand auf der Ecke des nördlichen Flügels, und auf demselben hing die Uhrglocke, auf welcher die unten in der Kirche stehende große Uhr mit Hülfe eines Hammers die Stunden anzeigte. Nach der neuen im Jahre 1569 auf dem Pfarrthurm aufgerichteten Schlaguhr ließ man die alte nicht mehr schlagen; aber doch die Stunden auf ihrem Zifferblatte im letzten Fenster neben dem Pfarreisen noch anzeigen. Ich stieg einstens selbst auf das Thürmchen, um seine Glocke zu untersuchen. Sie schien mir 10 bis 12 Centner schwer zu sein. Ich halte dafür, daß das Thürmchen zu gleicher Zeit mit der Uhr im Jahre 1477 sei erbaut worden, und weil endlich durch die Länge der Zeit seine Posten so baufällig wurden, daß die schwere Last der Glocken seinen Umsturz wirklich befürchten ließ, so wurde es 1800 abgebrochen.

§. 12.
Von dem Kreuzgange.
Von der Entstehung der Kreuzgänge im Allgemeinen und ihrer Benennung.

In sehr entfernten Zeiten des Christenthums zeichneten sich schon die Umgänge oder Prozessionen als feierliche Handlungen des Gottesdienstes aus. Man führte sie außer der Kirche über die offenen Straßen; weil aber Winde und Regen ihnen oft Hindernisse in den Weg legten, und sie wegen Enge des Raumes oder wegen großem Gedränge des Volkes innerhalb der Kirchen nicht Statt haben konnten, so wurden nächst bei denselben bedeckte Gänge erbauet, um sie bei ungünstiger Witterung ungehindert darunter führen zu können. Die Prozessionen, in welchen das Hochwürdigste mitgetragen wurde, hießen Gottestrachten, andere Bitt- und Umgänge, und von dem Kreuze, das ihnen vorgetragen wurde, auch Kreuzgänge. Dieß waren die gewöhnlichen, und weil sie jedesmal ihren Weg durch die bedeckten Gänge nahmen, so ging zuletzt der Namen von den Prozessionen an diese Gänge über. Es hat mit denselben eben die Beschaffenheit, wie mit einem Theile der Kirche, welcher von dem darin

4

verſammelten und ſingenden Chore der Geiſtlichen ſeinen Namen erhielt. Daß aber vor Alters die Prozeſſionen auch Kreuzgänge genannt wurden, darüber führe zum Beweiſe einen zu Straßburg 1477 gedruckten Meiſtergeſang an, welcher die letzten Feldzüge Karls des Kühnen von Burgund beſchreibt, und mit mehreren Holzſchnitten verziert iſt. Einer derſelben gegen der letzten Seite über ſtellt eine feierliche Prozeſſion mit dem Münſter vor, mit der Ueberſchrift: „Dieſer Creuzgang iſt zu ſtroßburg geſchehen."

Von dem alten Kreuzgange.

Zur weiteren Ausführung der Gebäulichkeiten, wie ſie der über die Erweiterung der Kirche entworfene Plan beſtimmte, gehörte auch der Bau eines Kreuzganges, zu welchem 1348 am 18. April der Grundſtein gelegt wurde [1]. Er kam wider den nördlichen Flügel der Kirche zu ſtehen, und erhielt nach demſelben eine Thüre an dem Orte, wo vor einigen Jahren in der Kirche das alte, vorher in der Michelskapelle geſtandene von Holzhauſiſche Epitaphium aufgeſtellt wurde. Nachmals wendete es ſich gegen Weſten und nahm zuletzt eine Wendung nach der Hauptthüre der Kirche, die nun die Thüre des Kreuzganges wurde. Seine drei Flügel waren von gleicher Länge, und jeder war mit zweien breiten im gothiſchen Geſchmack erbauten Fenſtern verſehen. Bei 70 Jahre lang blieb dieſer Kreuzgang ruhig ſtehen, aber als man im Anfange des XV. Jahrhunderts den Schluß faßte, ihn zu vergrößern, mußte er manche Veränderungen über ſich ergehen laſſen. Sein weſtlicher Flügel wurde niedergeriſſen, und die ehemalige Hauptthüre der Kirche verlor ſich nun ganz aus den Augen, jedoch wurde inwendig noch eine Blindthüre mit einem Bogen von ihr übrig gelaſſen, die aber wegen dem neu gebrochenen und tief herabgeſenkten Fenſter bei weitem nicht die Höhe der noch offenen Thüre erreichte. Auch ſeine öſtliche Seitenthüre wurde zugemauert, und Statt derſelben wurde die Thüre gegen die Säulen des Langhauſes über erbaut, durch die man nun geraden Wegs aus der Kirche in den Kreuzgang gehen kann. Ihre alte Form mit einem Spitzbogen wurde vermuthlich ums Jahr 1711, wo man die Veränderung mit dem Chore und ſonſt vornahm, auch nach dem neuern Geſchmack verändert.

---

[1] Anno 1348. IV. Cal. Maji ambitus ecclesiae S. Barth. fundabatur, J. Sohurg Collectan. I. 109. Florian 246 und Lib. Jur. Canon. p. 3. — (Latom. in libr. statut. Ser. III. No. 3.)

Von dem neuen Kreuzgange oder der Vergrößerung des alten.

Durch den Ankauf des alten Rathhauses im J. 1412 erhielt das Stift so viel Raum, daß es nicht allein den Pfarrthurm darauf erbauen, sondern auch noch seinen Plan, den Kreuzgang zu vergrößern, vollkommen ausführen konnte. Nachdem der westliche Flügel des alten Kreuzganges abgebrochen war, wurde 1418 in der Fasten, wie die Annalen von Frank= furt melden, das Fundament zum neuen Kreuzgange gegraben, wobei man nach dem Zeugnisse eines Fabrikregisters in der Woche vor Walburgis (1. Mai) große steinerne Todtensärge entdeckte, welche nur mit vieler Mühe aus dem Grunde gebracht werden konnten [1]. Der Bau des neuen Kreuzganges schränkte sich für dießmal bloß auf den nördlichen Flügel ein, weil man wohl versah, daß wegen des nur langsam von Statten gehenden Thurmbaues und den im Wege liegenden Baumaterialien seine weitere Fortsetzung noch lange würde unterbleiben müssen; so wurde gegen der Michaeliskapelle über eine breite Flügelthüre mit einigen Stufen gesetzt, ohne welche der Kreuzgang von keinem Gebrauche für das Stift hätte sein können, und damit er nicht offen stand, wurde an seinem Ende eine Wand aufgeführt. Nachdem 1460 auch der übrige Theil des neuen Kreuzganges vollendet war, wurde gedachte Wand wieder abgebrochen, und die Flügelthüre, weil sie nun ganz entbehrlich war, für immer ge= schlossen. Es war indessen in dem Gewölbe des nördlichen Flügels noch eine Oeffnung übrig geblieben, zu deren Schließung der hiesige Pfarrer, Hartmannus Holler de Butzbach, dem Kirchenbaue im Jahre 1477 70 Goldgulden vermachte. Er verordnete zugleich, daß in den einen Schlußstein der h. Bartholomäus, in den andern aber sein Bildniß gesetzt werden sollte. Daß sein letzter Wille genau befolgt wurde, geben die beiden Schlußsteine zu erkennen, in deren einem der h. Bartholomäus, in einem langen Gewande stehend, in der Linken ein offenes Buch hält und die Rechte zum Segen aufhebt. In dem Buche sieht man eine schwarze Schrift in den Zeilen. Ich vermuthe, daß dieselbe von den Weißbindern herrührt, welche in eben diesem Jahre die Kirche und den Kreuzgang aus= weißten, und durch diese Anfangsbuchstaben ihre Namen anzeigen und einigermaßen im Andenken erhalten wollten. In dem andern Schlußstein kniet der Pfarrer in geistlicher Kleidung, erhebt mit zusammen gehaltenen Händen seine Augen gegen den h. Bartholomäus, und erwartet von ihm

---

[1] Man weiß nicht, ob sie mit Schriften versehen waren und wo sie hingekom= men sind. (Mpt. Rühl.)

den Segen. Wer die Gränzen zwischen dem alten und neuen Kreuzgange wissen möchte, darf nur einen Blick auf seine Fenster werfen, und er wird einen großen Unterschied zwischen den Fenstern des alten und des neuen Kreuzgangs finden.

Fortsetzung des neuen Kreuzgangbaues von der Marktthüre bis zur Thurmthüre.

Nach der Beendigung des nördlichen Kreuzganges trat im Bauen ein Stillstand ein, welcher beinahe 40 Jahre währte; denn erst 1459 wurde der Bau der noch fehlenden Theile, des westlichen und des südlichen Flügels, vorgenommen[1]). In Actis ad Fabricam F. 229 heißt es: 1459 und 60 wurde am Kreuzgang gearbeitet. Ueber dem westlichen Fensterbogen des südlichen Flügels sieht man auch die Jahrzahl A. D. M° CCCCLX eingehauen, und ich zweifle nicht daran, daß mit diesem Jahre der ganze Kreuzgangbau vollendet wurde. Nur eine Oeffnung im Gewölbe des nördlichen Theiles war allein noch übrig geblieben, von der ich bereits gesprochen habe[2]). Daß der letzte Bau des Kreuzganges so geschwind befördert wurde, war kein Wunder, indem mehrere Patrizier den größten Theil der Baukosten, wo nicht alle, über sich nahmen, und daher auch als vorzügliche Wohlthäter der Kirche das Recht erhielten, ihre Wappen in die Schlußsteine des Gewölbes setzen zu lassen. Diese sind nach der Ordnung von der Marktthüre an folgende: Die Wappen derer von Glauburg und Monis[3]). Die zwei letzten Wappen sind nicht mehr zu sehen. 1810 am 7. August riß sich die untere Altan an der nördlichen Seite des Pfarrthurms, als man eben eine Reparatur

---

[1]) In lapide fornicis orbiculata (in umbilico) illo nempe qui arcum concludit, effigies Hartmanni Clerici genuflectentis et versus imaginem S. Bartholomaei in lapide arcum alterum versus orientem concludente supplicantis (Fuit is H. Oppeler de B. Canonicus et Plebanus). Letzterer war aus Butzbach und dessen truwen händen gaben 1466 zum Kreuzgangbau 80 fl. (vid. var. fundation. Praes. p. 2.)

[2]) Anno 1468 auf Annunciationis Mariae ward der Kreuzgang bei dem Pfarreisen und der Hof darinnen geweihet von Seyfrieden, Weyhbischoffen Predigerordens allhier. In diesen wurden die Schüler und zur Zeit des Interdikts die Verstorbenen begraben; wie dann zuvor 1463 Elisabeth Rohrbachin, fer. 6 post visitation. Mariae und hernach den 12. November wieder aus und in die Kirche begraben wurde (Mpt. Rühl).

[3]) 1481. lt. XII. hall. geschenkt ad reformandum granarium ambitus (registr. ann. Fabrio inter exposita anni 1481). — De area ambitus, vulgo Schulhof, vid. ad annum 1462. Lersner, I, II, 37 (ad annum 1468, siehe vorherige Anmerkung).

mit ihr vornehmen wollte, plötzlich los, und stürzte mit solcher Gewalt auf den Kreuzgang, daß Dach und Gewölbe ganz zerschmettert in einem Schutte über einander lagen. Um größere Kosten zu ersparen, wurde nachmals statt des steinernen Gewölbes ein hölzernes verfertigt; das aber nicht stark genug war, die schweren Schlußsteine mit den Wappen, deren jeder bei zwei Centner wog, wieder aufzunehmen.

Zu dem Baue des westlichen Kreuzganges gehörte auch die Markt-thüre, über welcher inwendig der h. Bartholomäus in Stein gehauen, und darunter die Wappen hiesiger Geschlechter, Brun zum Braunfels und von Daghusen zu sehen sind. Weil das Bild eine Hand verloren hatte, so ließ Herr Mayer im Rößchen auf dem Markte als Mitvorsteher der Kirche dasselbe auf seine eigene Kosten repariren und frisch anstreichen. Nachdem das Bild von seinem hundertjährigen Staube gereiniget war, fing man erst an, seinen Werth einzusehen. Auffallend war den Kennern der Kopf mit seinen wunderschönen gelockten Haaren, und sie klagten, daß man den Namen des Meisters nicht mehr wisse [1]).

Von den innern Gegenständen des Kreuzganges.

Nach vollendetem Kreuzgangbaue wurde die Ceremonie, die Kinder vor der Taufe zu exorciren, nicht mehr vor der alten Kirchenthüre, son-dern vor der Thurmthüre in dem Kreuzgange vorgenommen; daher neben der Thüre noch die steinernen Sitze zu sehen sind, worauf die Amme und der Pathe oder die Gothe die Ankunft des Pfarrers abwarteten. Ob die Benennung Porta exorcisanidorum puerorum von der Kirchenthüre nun auch auf die Thurmthüre übergegangen ist, läßt sich eher vermuthen als behaupten. Nachdem 17.. der neue Taufstein im Marien-Chördchen aufgerichtet war, wurde die Ceremonie nach der Thüre des östlichen Kreuzganges verlegt, wo man dem Taufsteine näher und dem Luftzuge weit weniger ausgesetzt war.

---

[1]) Anno 1734 wurde die Kirchthüre auf dem Markte, welche vor Alterthum ganz verfault war, neu gemacht. (Protocoll. Fabr. Capitul.) — Anno 1783 ward die dunkle steinerne Schneckenstiege, wo man zur Schule ginge, abge-brochen, und dafür eine neue von Holz gemacht auf Kosten der Bürgerschaft. 1809 wurden im Kreuzgange neue Fenster gemacht und derselbe neu ange-strichen, auch das v. Holzhausische Wappen eingesetzt. — Der Anstrich war gelb, auch wurde eine Thüre in das eine Fenster gesetzt und ein neuer Altar, wie schon anderwärts bemerkt, darin gesetzt. Auch wurde 1809 der Carls-altar in der Kirche selbsten abgebrochen und ein anderer aus der Carmeliter-kirche dafür hingesetzt. — Anno 1804 wurde der Kreuzgang und das Glocken-haus neu geplattet. —

Die alten neben der Thurmthüre befindlichen und 1763 überweißten Gemälde, deren eines Adam und Eva im Paradiese vorstellte, scheinen mit dem was da geschah dem Sinne nach eine Verbindung gehabt zu haben.

Noch eine andere Ceremonie hatte an diesem Orte statt. Vor der Thurmthüre lag ein Stein, auf welchem eine Handtreue ausgehauen war, und dieser hieß der Heisenstein, von heisen, geloben oder versprechen. Es war Sitte, daß Braut und Bräutigam sich auf denselben stellten, einander die Hände reichten und wechselseitige Treue versprachen; worauf der Pfarrer ihnen Wein über die Hände goß und sie in die Kirche zur ehelichen Einsegnung führte. Im Jahre 1607 war diese Ceremonie noch üblich; sie scheint aber bald darnach aufgehört zu haben.

Man sah sonst am Ende des nördlichen Kreuzganges ein großes Crucifix wider der Mauer hängen und darunter einen Altar stehen, welcher am Fronleichnamstage schön geziert und beleuchtet wurde, weil daselbst während der feierlichen Prozession das dritte Evangelium abgesungen wurde. Im Jahr 1809 wurde ein Altar aus der Kirche des aufgehobenen Karmeliten-Klosters an diese Stelle versetzt.

Von der obern Einrichtung des Kreuzganges wäre noch Folgendes zu bemerken. Ueber dem östlichen Gewölbe befindet sich zwischen zweien kleinen Vorplätzen die Capitelstube und hinter derselben ein Stübchen zum Aufenthalte des Subcustos, welcher zum Dienste des versammelten Kapitels immer da sein mußte, und diejenigen, welche vor das Kapitel wollten, vorher anmeldete.

Die Kapitelstube wurde bald nach der Aufhebung des Stifts zu einer Knabenschule eingerichtet.

Ueber dem nördlichen Gewölbe fand die Stiftsbibliothek ihre Aufnahme, welche bei 200 geschriebene Codices und mehrere wegen Alterthum oder Seltenheit geschätzte Druckwerke aufbewahrte.

Fünfte Abtheilung.

Vom Fabrikhause zum Fraßkeller und seinem Bewohner.

Die Pfarrkirche zum h. Bartholomäus hat nächst beim Pfarrthurm auf ihrem eigenen Grunde und Boden ein Haus stehen, das ihr unwidersprechliches Eigenthum ist; dennoch aber von einem lutherischen

Kirchendiener unentgeltlich bewohnt wird. Was es mit demselben für eine Beschaffenheit habe, wird aus folgenden Nachrichten deutlich erhellen.

Gleich in den ersten Reformationszeiten suchte der zum Lutherthume übergegangene Magistrat sich der Kirche und ihres Eigenthums zu bemächtigen. Er nahm also 1525 das Langhaus für den lutherischen Gottesdienst hinweg, und endlich 1533 auch das Chor. Von dieser Zeit an blieb er im Besitze der ganzen Kirche bis dieselbe den Katholiken im Jahre 1548 wieder zurückgegeben werden mußte. Um selbige Zeit nahm der stiftische Fabrikschreiber, Johann Blaurock, der in dem vorgedachten Hause seines Dienstes wegen und als Bildwärter die freie Wohnung genoß, die lutherische Religion an, und überlieferte dem Magistrate, seines Eides und seiner aufhabenden Pflicht ganz vergessen, die ihm vom Stifte anvertrauten Bücher, welche die Kirche auch nie wieder erhielt. Der Eidbrüchige sollte das Haus räumen, aber er wurde bei seiner Wohnung geschützt, und als er starb, setzte der Magistrat augenblicklich seinen Kirchendiener hinein. Das Stift war nicht vermögend, ein so gewaltsames Unternehmen zu verhindern. Es protestirte und brachte hierüber seine Klage bei dem höchsten Reichsgerichte in Wien an; aber die Zeiten waren zu tumultarisch, und die Prozesse an den Reichsgerichten allzusehr überhäuft, als daß man sich eine baldige Entscheidung versprechen konnte. Während der Dauer des Prozesses wurde endlich der Westphälische Friede geschlossen, welcher das Jahr 1624 dazu bestimmte, daß es über die noch streitigen Besitzstände zwischen Katholiken und Protestanten vollends entscheiden sollte. In der Zeitfolge bestrebte sich das Stift mehrmalen, durch Unterhandlungen die Evacuation des Hauses zu bewirken, und dieses geschah noch in den dreißiger oder vierziger Jahren des letzt abgewichenen Jahrhunderts; aber jedesmal wurde am Ende das Entscheidungsjahr 1624 entgegengesetzt.

Daß die Kirche ihr Eigenthumsrecht am Hause bis zur Aufhebung des Stiftes jederzeit sorgfältig erhielt, ist aus den Fabrikrechnungen und vorzüglich aus den Bauquittungen zu ersehen. Dieselben beweisen, daß der Fabrik-Fond das Haus nicht allein in Dache und Fache unterhielt, sondern auch sogar die Stuben, so oft es nöthig war, weißen, die Schlösser repariren und auch das heimliche Gemach fegen ließ. Noch spricht für das Eigenthum der Fabrik, daß sie ein in dem Hause befindliches Gewölbe gegen einen alle halb Jahr zu entrichtenden Zins noch wirklich vermiethet.

Aus dieser Geschichtserzählung wird offenbar, daß 1) das Haus schon in alten Zeiten ein Eigenthum der Kirche war, und auch ein solches bis zu unsern Tagen stets geblieben ist; 2) daß die Wohnung des lutherischen

Kirchendieners eine bloße Servitut ist, die dem Hause in tumultarischen Zeiten gewaltsam und widerrechtlich aufgedrungen wurde.

Wie lästig und nachtheilig für die Kirche dieser Bewohner des Hauses sei, zeigen seine Handlungen. Er wollte nicht, daß das Wasser so häufig mehr, wie woher, durch seinen Hof fließen sollte und verstopfte deswegen die Mündung des Canals mit Steinen, welches die Folge hatte, daß das Wasser bei starken Platzregen mehrmalen die Platten im Kreuzgange auf= hob, über denselben durch das Glockenhaus bis in die Kirche strömte, und den Eingang gänzlich verhinderte. Man sah sich endlich genöthigt, den ganzen Canal durch den Maurer aufbrechen zu lassen, und da entdeckte sich nun die Ursache des Uebels. Indessen mußte die Fabrik die Kosten tragen, die von Rechtswegen auf den Kirchendiener hätten fallen sollen. Derselbe brachte es auch ohne Vorwissen des Herrn Pfarrers dahin, daß das große und sehr starke Schloß von der Thurmthüre abgebrochen und ein gemeines Stubenschloß dafür angeschlagen wurde, worauf er dem Herrn Pfarrer einen Schlüssel zuschickte, eben als wenn derselbe von seinem Befehle abhänge. Es wäre zu wünschen, daß das vorige Schloß zu meh= rerer Sicherheit der Kirche wieder hergestellt würde[1]).

Von dem Fabrikgarten, welchen der gedachte Kirchendiener besitzt.

Dieser Garten ist auf einem Theile des alten Kirchhofes gelegen und wird durch den Hof, der zur Kirche führt, von des Kirchendieners Woh= nung getrennt. Zwischen den Jahren 1690 und 1700 vergünstigte das Kapitel dem Kirchendiener den Genuß des Gartens; er mußte sich aber dagegen verbinden, den Hof zu säubern und ihn stets rein zu erhalten, wie der von ihm ausgestellte und im Archive noch aufbewahrte Revers zeigen wird. Die Vergünstigung hört auf, so bald die conditio sine qua non nicht erfüllet wird, und dieses war hier schon längstens der Fall. Demohngeachtet betrug er sich in Ansehung des Gartens, als wenn er

---

[1]) Anno 1355 XII. Kal. Dec. per magistros fabricae Eccl. S. B. ad ampliandum coemiterium ejusdem, voluntate et consensu Consulum accedente, empta est habitatio tota, dicta zu deme Fraskelre, cum instita huic annexa, contigua coemiterio, pro XXX. marcis den. reditunm annuorum, apud haeredes quondam Henrici dicti Symeler, qualibet marca redituum pro Xvi marcis den. redimenda, pro quibus et aliis necessitatibus fabricae venditi seu alienati sunt reditus fabricae in frascripti &c. laut Stifts-Archiv.

sein Eigenthum wäre, und erweiterte willkürlich seine Grenzen. Vor dem französischen Revolutionskriege lief die Latten-Einfassung des Gartens von dem Ecke der Thurmstiege in gerader Linie bis zur Thüre des hintern Fabrikgartens, welchen Herr Schamberger gegenwärtig in Miethe besitzt; aber während den unruhigen Kriegszeiten nahm man einen Pflasterstein nach dem andern heimlich heraus, und rückte mit den Latten in einem Bogen immer weiter vorwärts, wodurch der Fabrikhof sehr geschmälert wurde. Ein anderes Unternehmen zur Schmälerung des Hofes besteht auch noch darin, daß ein schmaler Kasten von Latten, der wider dem Hause zum Schutze eines Weinstockes stand, seit kurzen Jahren so sehr erweitert wurde, daß er nun einem kleinen Gärtchen ähnlich sieht; und noch erst im letztabgewichenen October erdreistete sich der Kirchendiener, eigenmächtig nächst bei der Thurmthüre Pflastersteine auszubrechen und sich von neuem einen Platz zuzueignen und mit Latten einzufassen. Alles, was bisher gesagt wurde, kann erforderlichen Falls durch gültige Zeugen erwiesen werden, und da der Kirche an der Erhaltung des Hofes, vorzüglich bei Baufällen, vieles gelegen ist, so haben die Herren Kirchenvorsteher sich dahin zu verwenden, damit der nun so sehr verengte Hof seine vorige Größe wieder erhalte, und dann der Garten, auf welchen der Kirchen= diener auf keine Weise einen rechtlichen Anspruch zu machen befugt ist, der Kirche zu ihrem Nutzen wieder zugestellt werden möge, oder auch, daß er dem Kirchendiener gegen einen jährlichen Miethzins überlassen werde.